# Google Analytics für Anfänger

## Besucherverhalten analysieren, verstehen und optimieren. Eine Einführung in Google Analytics.

**Daniel Groß**

# Inhaltsverzeichnis

# Google Analytics allgemein

Marketing wird heutzutage immer wichtiger. Das liegt unter anderem daran, dass die Produkte bzw. die angebotenen Dienste sich nicht mehr wirklich von Anbieter zu Anbieter unterscheiden. Man kann sein Brot bei jedem Bäcker und in jedem Supermarkt kaufen. Ebenso kann man sein neuestes Smartphone in jedem Fachgeschäft oder Elektronikladen finden. Es gibt einfach so gut wie keinen Unterschied von Geschäft zu Geschäft. Gleiches gilt für jeden angebotenen Service. Man wird ihn immer auch woanders finden. Wie also schafft man es da noch, Kunden zu gewinnen und besser noch, zu binden? Die Antwort ist Marketing. Marketing jedoch bedeutet auch, dass man feststellen muss, welche Maßnahmen wie erfolgreich sind. Man muss also seine eigenen Marketingerfolge recherchieren. Wie das geht? Per Google Analytics. So ziemlich jedes Produkt und jeder Service wird im Internet beworben und will auch von Google gefunden werden. Das rückt die Google Analytics in den Bereich der wichtigsten Analysetools für jede Form von Onlinemarketing.

Die Google Analytics liefern statistische Daten. Werden diese Daten richtig gelesen und verstanden, dann geben sie Auskunft über den Erfolg oder Misserfolg einer Werbekampagne oder auch nur einer einzelnen Werbeaktion. Google Analytics erlauben es, festzustellen, welche Seite für die Besucher interessant ist und gelesen wird. Man kann herausfinden, wie lange die Besucher auf den Seiten verweilen, von wo aus sie auf welche Seite kommen und bei welcher Unterseite sie die eigenen Angebote wieder verlassen. Mit diesem Wissen gewappnet, kann man die Performance der Startseite verbessern oder die negative Wirkung von Unterseiten beenden. Dies kann über eine veränderte Aufmachung, einen anderen Text oder bessere Bilder geschehen. Google Analytics ist die Anwendung, die einem Auskunft darüber gibt, was man richtig macht und wo man noch nachbessern muss.

Um die Google Analytics als Analysetool nutzen zu können, muss man dort angemeldet sein und dazu wiederum muss man über ein Konto bei Google verfügen. Dazu geht man auf Google einfach auf den Punkt „Konto einrichten“. Als Nächstes geht man zu dem Punkt „Analytics“ und dort wählt man „Anmelden“. So weit ist das alles ganz einfach. Es bleibt aber noch ein weiterer Schritt, bevor die Google Analytics einem wirklich helfen können. Man muss zuvor noch seine eigene Webseite dort eintragen. Danach fügt man den Tracking-Code und die Tracking-ID von Google Analytics im CMS der Webseite hinzu. Ein Konto bei Google kann mehrere Webseiten verfolgen. Ebenso können die Google Analytics für das AdWords-Konto verwendet werden.

Bei der Benutzung der Google Analytics sollte man auch einige der verwendeten Begriffe kennen. Die meisten davon erklären sich von selbst, doch andere benötigen ein wenig mehr Erklärung. Darunter fallen zum Beispiel die „Visits“. Dabei handelt es sich um die Anzahl der Nutzer, die die Seite aufgesucht haben. Diese Zahl enthält alle Besucher. Ein Nutzer, der die Seite zweimal besucht hat, wird darin auch zweimal aufgeführt.

Der Begriff „Unique Visitors“ bezieht sich auf die Nutzer, die wenigstens einmal die Webseite aufgesucht haben. Geht der gleiche Nutzer zweimal auf die Seite, wird er nur einmal als „Unique Visitor“ aufgeführt. Damit bekommt man ein genaueres Bild darüber, wie viele Leute wirklich die Seite besuchten.

„Page Views“ wiederum beschreibt die Anzahl der Unterseiten, die ein Besucher auf der jeweiligen Internetpräsenz aufgesucht hat. Jeder Nutzer kann theoretisch direkt nach der ersten Seite wieder verschwinden oder mehrere Unterseiten anschauen. Je mehr Unterseiten die Nutzer betrachten, desto besser ist das für die Internetpräsenz.

„Pages per Visit“ bringt einen Durchschnittswert für alle Besucher und die Anzahl der Unterseiten, die sie sich anschauten. Es geht also nicht um einen Nutzer und dessen angeschauten Unterseiten, sondern wie viele Unterseiten im Schnitt pro Nutzer angeschaut werden.

Die „Bounce Percentage“ oder auch Absprungrate, ist der Prozentsatz an Besucher, die die Seite sofort wieder verlassen haben. Der Grund für das Verlassen ist dabei unwichtig. Die „Bounce Percentage“ sollte am besten unter 40 % liegen.

Der Begriff der „Sitzung“ beschreibt die Zeitdauer, die ein Besucher auf der Internetpräsenz verbracht hat. Je länger dieser Wert ist, desto besser ist es für die Webseite und deren Wirkung auf die Besucher.

Wenn man die Grundbegriffe gelernt hat, dann kann es an die Messung der Nutzer bzw. Besucher gehen. Dazu befinden sich in der linken Spalte die Punkte „Akquise“, „Verhalten“ und „Conversion“. Diese drei Punkte gehören zu den wichtigsten, wenn es um die

Auswertung des Erfolges oder Misserfolges einer Internetpräsenz geht.

Unter dem Punkt „Akquise“ erfährt man, woher die Besucher der Seite kommen. Dabei hält ein Bericht die genauen Daten bereit. Für diejenigen, die ihre Seite direkt für eine Googlesuche auslegen, sollte die Herkunft der Besucher eben aus einer Suche über Google kommen. Wer dagegen auf E-Mails als Marketingmittel setzt, sollte dann hier den Link der Marketing-E-Mails finden. Sollte das Ergebnis als „direkt“ markiert sein, dann hat ein Nutzer selbst den Link der Seite in seinen Browser eingegeben. Dieser Nutzer kannte die Seite also bereits oder hat den Link von einem Bekannten erhalten.

Hier hören die Informationen jedoch nicht auf. Die Google Analytics Tools geben auch an, welche Suchmaschine und welches Suchwort den Besucher auf die eigene Seite gebracht hat. Sollte ein Link von einer anderen Seite benutzt worden sein, dann erscheint die andere Seite als Herkunft. Wichtig für den Betreiber der Seite sind die folgenden 4 Fakten: Von welcher Seite kamen die Besucher? Auf welcher Seite der eigenen Internetpräsenz landeten die Besucher zuerst? Welche Seite der Internetpräsenz haben sie als Letztes angeschaut, bevor sie die eigenen Seiten verließen? Und welche Seiten haben sie angesehen, während sie auf der Internetpräsenz verweilten?

Google Analytics, so wie alle Statistiken, werden umso genauer, je mehr Daten man erhebt. Daher gibt nicht gleich der erste Tag nach dem Einstellen einer Webseite wichtige Auskünfte, sondern es bedarf dazu schon einiger Wochen. Danach aber kann man nachvollziehen, welche Seiten für die Nutzer interessant waren und welche man ändern sollte. Das gilt auch und vor allem für die Seite, bei der die Nutzer ausgestiegen sind. Erfolgreiche Seiten, welche also lang und oft angesehen werden, sollten nach vorne geholt und weniger erfolgreiche in den Hintergrund verbannt oder geändert werden.

Wichtig ist auch, zu sehen, woher die Besucher kommen. Gibt es andere Seiten, die auf die eigene Seite verweisen? Das kann ganz leicht geschehen. Dann ist es wichtig, nachzuprüfen, wie die eigene Seite auf der anderen Seite besprochen wird. Ebenso kann man den Betreiber der anderen Seite oder den Autor eines Beitrages, der die eigene Seite erwähnt, kontaktieren. Daraus kann sich eine gelungene Kooperation entwickeln.

Mit dem Google Webmasters Tool kann man auch noch die Optimierung der eigenen Seite für die Suchmaschine vorantreiben. Dazu erhält man die sogenannten SEO-Berichte. Hinter dem Kürzel „SEO“ verbirgt sich der Begriff „Search Engine Optimization“, also wie genau die Seite für die Suchmaschine optimiert ist. Je mehr man diese Optimierung vorantreibt und im Detail verbessert, desto besser wird die eigene Position in der Liste von Treffern, die ein Nutzer für seine Suchanfrage erhält. In anderen Worten, mit guter SEO kommt man bei Google auf die erste Seite und zieht so eine Menge neuer Besucher an.

Über das Verhalten der Besucher lässt sich in Erfahrung bringen, ob der Inhalt der eigenen Seite dazu geeignet ist, das eigene Ziel zu erreichen. Als Unternehmer ist das Ziel zumeist der Verkauf eines Produktes oder die Bestellung einer Dienstleistung. Der Inhalt einer Seite ist dann geeignet, das Ziel zu erreichen, wenn sie Verkäufe oder Bestellungen bringt. Daher ist es wichtig, hier mit den Google Analytics nachzuprüfen, was die Besucher auf den eigenen Seiten so treiben.

Um zu erkennen, ob ein Ziel erreicht wurde, ist es auch wichtig, das Ziel selbst genau zu definieren. In anderen Worten: „Was sollen die Besucher tun?" Sollen die Besucher sofort auf der Webseite einen Button anklicken, um zum Beispiel einen Kauf zu tätigen? Sollen die Besucher die Kontaktinformationen einsehen und dann im eigenen Unternehmen anrufen? Sollen die Besucher einen Download starten? Nur wenn die Aktion richtig und genau definiert wird, kann den Erfolg oder Misserfolg der Webseite an den Handlungen ablesen.

Ein wichtiger Indikator ist die Anzahl der Seiten, die die Besucher im Durschnitt anschauen. Liegt diese Zahl gerade mal bei eins, dann bedeutet dies, dass die Besucher kein weiteres Interesse an den Inhalten haben, sobald sie die erste Seite einsehen. Dann muss deren Erscheinung überarbeitet werden. Ist der Wert größer als eins, dann schauen sich die Besucher nach Angeboten oder Produkten oder andern Informationen um. Dann ist die Seite schon einmal interessanter.

Die Absprungrate, die vorher schon beschriebene „Bounce Rate" oder „Bounce Percentage", zeigt die Zufriedenheit der Leute mit der Darstellung der Seite an. Je kleiner der Anteil derjenigen ist, die sofort die Seite wieder verlassen, desto attraktiver ist die Darstellung der Seite. Normalerweise sollte der Wert bei 40 % oder weniger liegen. Hier kann man auch sehen, wie sich Änderungen an der Webseite auswirken. Eine positive Veränderung liegt immer dann vor, wenn die Absprungrate sinkt. Eine Änderung zum Negativen dagegen ist an einem Anstieg der Absprungrate ablesbar.

Wonach die Leute suchen, das kann man an den Einstiegsseiten erkennen. Normalerweise werden Links oder Suchanfragen die Besucher nicht unbedingt auf die Startseite bringen, sondern auf die Unterseite, die dem Link bzw. der Anfrage entsprechen. Welche Unterseite also am meisten Besucher bringt, eignet sich als Thematik am besten für die Startseite.

Ebenso interessant sind die Ausstiegsseiten. Welche Seiten auch immer das Desinteresse der Besucher so beflügeln, dass sie die eigene Internetpräsenz wieder verlassen, sollten nachgebessert werden. Unschöne Bilder, schwer verständliche Texte oder ein undurchschaubarer Aufbau, all das hat schnellstmöglich zu verschwinden. Sollte der Absprung aber nicht daran liegen, kann man ihm vielleicht durch Sonderangebote auf der üblichen Ausstiegsseite entgegenwirken.

Hinter dem Begriff „Conversion" versteckt sich die Umwandlung eines Besuchers in einen Kunden. Die Frage ist also, ob es der Seite gelingt, das Interesse der Besucher an dem eigenen Angebot so zu steigern, dass sie schließlich zugreifen und einen Kauf bzw. eine Bestellung vornehmen. Hier ist es wichtig, das richtige Ziel zu formulieren.

Geht es um einen Verkauf, dann ist das Ziel eben so definiert, dass der Kunde das Produkt XY in den Warenkorb legt, das Bestellformular ausfüllt und dann die Bestellung bzw. den Kauf ausführt.

Handelt es sich bei der Seite um einen Blog, der sich über Werbung finanziert, dann ist neben der Anzahl der Besucher vor allem deren Verweildauer wichtig. Eine lange Verweildauer deutet auf eine interessante Seite hin, was wiederum ein Wiederkommen des Besuchers bedeutet.

Ein anderes Ziel kann ein bestimmtes Ereignis sein. Darunter kann man das Aufrufen der Kontaktinformationen, das Eintragen in einen Newsletter oder das Einladen eines Freundes verstehen. Findet das gewünschte Ereignis statt, hat die Seite ihren Zweck erfüllt. Bleibt es aus, dann muss nachgebessert werden.

Das Ziel kann man, glücklicherweise, sehr einfach auf den Google Analytics formulieren. Dazu gibt es eine Reihe von Vorlagen und diese kann man mit der jeweiligen Seite verbinden. Man kann sogar einen Umsatzwert definieren, so man dies wünscht.

Und wozu das alles? Dieser Punkt wird nur allzu gerne übersehen. Wozu stellt man all diese Untersuchungen an bzw. lässt sie anstellen? Die Google Analytics sind ein Mittel zum Zweck und nicht das Ziel selbst. Das Ziel ist ein erfolgreicher Internetauftritt. Mit den Google Analytics kann man nur den Erfolg bzw. den Misserfolg feststellen. Was man damit anfangen muss, lässt sich folgendermaßen zusammenfassen: testen, testen und noch einmal testen.

Jeder Internetauftritt kann verbessert werden. Das ist selbstverständlich bei weniger guten Auftritten. Doch auch bei den guten bis sehr guten Internetseiten kann man noch etwas mehr herausholen. Dies geht über einfache Tests. Über mehrere Wochen gewinnt man die Daten für eine Auswertung des Erfolges der eigenen Seite. Dann nimmt man eine Veränderung an der Seite vor und sammelt wiederum die Daten mit Google Analytics für einen gleichlangen Zeitraum. Haben sich die Werte verbessert, dann behält man die Änderung bei und ändert etwas an den Inhalten, die man bei der letzten Änderung noch nicht bedacht hat. Haben sich die Werte verschlechtert, kehrt man zur Ausganglage zurück und versucht eine andere Änderung an einem anderen Teil des Auftrittes. So kann man, langsam und sicher, zu einem erfolgreichen Auftritt gelangen und dann diesen Erfolg noch steigern.

# Die Startseite und die Dashboards

Google Analytics ist im Grunde genommen nicht schwer zu verstehen. Alle Funktionen machen Sinn und sind auf einfache Bedienbarkeit ausgelegt. Dennoch wird man sich als Anfänger auf der Startseite schnell erschlagen fühlen. Das liegt einfach an der Flut der dargebotenen Informationen und Optionen. Daher sollte man am Anfang die Startseite völlig unbelastet betreten. Anstatt beim ersten Mal zu versuchen, die zur Verfügung stehenden Informationen, bezogen auf die eigene Seite, zu verstehen, sollte man einfach nur die Darstellung an sich Schritt für Schritt verarbeiten. Hat man einen Überblick über die Funktionen und Optionen bekommen, dann kann man damit auch wirklich versuchen, die eigene Internetpräsenz zu analysieren.

Wenn man auf Google Analytics geht, findet man sich in einem Dashboard wieder. Dort ist links gleich der erste Menüpunkt, die Startseite. Klickt man darauf, dann kommt man zum Zielgruppenbericht. Man kann sehen, wie viele Nutzer die eigene Seite besucht haben. Ebenso findet man dort die Zahl der Sitzungen. Beide Zahlen unterscheiden sich. Das liegt daran, dass ein Nutzer mehrere Sitzungen für einen Besuch haben kann. Das klingt unlogisch, doch der Grund dafür ist die angenommene Sitzungsdauer. Diese beträgt voreingestellte 30 Minuten. Wenn ein Nutzer länger als diese 30 Minuten auf der Seite verweilt, dann wird für ihn automatisch eine neue Sitzung begonnen.

Ebenso kann ein Nutzer mehrere Sitzungen beginnen, indem er die Seite mehrfach besucht.

Auf dieser Seite wird auch die Absprungrate angezeigt. Diese Rate ist aber, wenn man sie insgesamt betrachtet, nicht sehr aussagekräftig. Es ist besser, die einzelnen Absprünge auszuwerten. Dann sieht man, wo die Nutzer die Seite verlassen haben.

Die Dauer der Sitzungen wird als Durchschnitt aller Sitzungen angegeben. Dies kann leicht zu falschen Werten führen. Schuld daran sind die unterschiedlichen Seiten, welche von Natur aus kürzer oder länger angeschaut werden. So wird ein Blogbeitrag, so er gelesen wird, einen Nutzer länger halten als ein Bild. Dazu kommt die Ungenauigkeit, die durch die Beschränkung der Sitzungen auf 30 Minuten verursacht wird. So wird eine sehr lange Sitzung nicht als eine einzige Sitzung gewertet, sondern als viele kleine Sitzungen von jeweils 30 Minuten Dauer.

Was weiterhin interessant ist, ist die Zeit, in welcher die meisten Nutzer auf die Webseite kommen. Dies wird in einer sogenannten „Heatmap“ angezeigt. Nach Zeiträumen aufgeteilt, erhält man dort farbige Rechtecke, die die Anzahl der Besucher symbolisieren. Je dunkler ein Symbol, desto mehr Nutzer waren in diesem Zeitraum auf der Seite. Kennt man die typischen Nutzerzeiten, kann man die Veröffentlichung von neuen Inhalten oder besonderen Angeboten besser planen.

Im Bereich „Aktuelle Nutzer“ wird angezeigt, wie viele Besucher sich gerade auf der eigenen Internetpräsenz befinden. Dieser Bereich wird oftmals unterschätzt, denn er bietet nur einen kurzen

Ausschnitt der Aktivitäten. Wenn man sich aber die Zeit nimmt, die Nutzer hier mit ihrer Herkunft und ihrem weiteren Internetverhalten zu verfolgen, werden einem mit der Zeit wichtige Einblicke gewährt. Damit kann man besser planen, wo man seine eigene Internetpräsenz bewirbt und inwieweit man Links zu den sozialen Netzwerken für Shares und Likes einbaut.

Ein sehr wichtiger Punkt, den man hier findet, ist die Herkunft der Besucher. Damit ist nicht deren Nationalität gemeint, sondern von welchen Webseiten die Nutzer auf die eigene Seite gelangen. Warum ist das wichtig? Ein amerikanischer Geschäftsmann hat einmal das größte Problem des Marketings in Worte gefasst: „Die Hälfte meines Marketingbudgets ist verschwendet, nur leider weiß ich nicht, welche Hälfte.“ Wenn man nun tatsächlich seine Werbebemühungen und wichtiger noch, das Werbebudget, auf die richtigen Kanäle konzentrieren möchte, muss man diese erst kennen. Für das Marketing im Internet gibt es eine Reihe von Möglichkeiten, die über Google, Facebook und YouTube zu Hunderten und Tausenden anderen Plattformen reichen. Wenn man jetzt weiß, welche Plattform die meisten Besucher bringt, dann kann man seine Werbeanstrengungen bzw. Werbemittel eben besonders auf dieser Plattform zum Einsatz bringen.

Unter dem Punkt „Wo befinden sich meine Nutzer?“ wird angezeigt, aus welchen Ländern die Besucher stammen. Dabei ist es logisch, dass Webseiten, die am Ende ein .de haben, hauptsächlich deutsche Besucher anlocken. Webseiten mit .com oder .eu sollten international Nutzer anziehen, so diese Seiten auch international ausgelegt sind. Sind sie das nicht, dann sollte man unter den Einstellungen den Hauptstandort mit Deutschland angeben.

Wer einen längerfristigen Trend ablesen möchte, ist mit dem Bericht „Aktive Nutzer“ gut bedient. Hier kann man sich über verschiedene Zeiträume, die von einem Tag bis zu 30 Tagen reichen, die Entwicklung der aktiven Nutzer anzeigen lassen. Daran kann man sehen, ob die Webseite über die Zeit hinweg immer mehr Besucher anlockt und damit ihre Stellung ausbaut oder ob sie an Boden verliert und ständig weniger aktive Nutzer anzieht.

Ein weiterer Punkt ist die „Kohortenanalyse“, die die Bindung der Nutzer anzeigt. Man findet sie unter dem Begriff „Nutzerbindung“. Eine Kohorte ist hier eine Gruppe von Nutzern. Diese Gruppe hat einmal zur gleichen Zeit die Webseite aufgesucht, was man über die „Heatmap“ ablesen kann. Mit der „Kohortenanalyse“ wird nun angezeigt, wie viele Nutzer aus dieser Gruppe noch einmal die Seite aufgesucht haben. Dies kann nach einer Woche, zwei Wochen oder mehr angezeigt werden. Anstatt also auf ständig neue Besucher abzustellen, erkennt man hier, wie viele Nutzer ein wirkliches und stetiges Interesse an der eigenen Internetpräsenz bzw. dem eigenen Angebot haben.

Ebenfalls nicht vergessen sollte man die Geräte, welche die Besucher benutzen, um auf die eigene Webseite zu gelangen. Für Nutzer, die ein Smartphone benutzen, ist es einfach nicht akzeptabel, dass die Seite mit kleinen Schriften angezeigt wird und man ständig in alle vier Richtungen scrollen muss. Hier sollte also die Webseite auch für mobile Geräte optimiert werden. Umgekehrt ist eine solche Optimierung unnötig, wenn die Nutzer weit überwiegend einen PC für ihren Besuch auf der Webseite benutzen. Um also zu erkennen, ob man seine Webseite für bestimmte Geräte anpassen sollte, sollte man hier hin und wieder einen Blick hineinwerfen. Mobilgeräte sind heutzutage nämlich weit überschätzt. Nicht jede Webseite oder jedes Angebot wird über die kleinen Smartphones angesteuert. Dies gilt umso mehr im B2B-Bereich. Hier wird überwiegend mit Computern gearbeitet. Wer sich also mit seinem Angebot an Unternehmen richtet, kann getrost mit der guten alten Webseite punkten.

Zu guter Letzt, aber nicht zum Geringsten, kommt die Aktivität auf der Webseite. Hier kann man sich anzeigen lassen, welche Unterseiten die Nutzer am meisten aufsuchen, sprich, welche sie am meisten interessieren. Diese kann man dann entsprechend nutzen, um besondere Angebote zu verlinken oder man kann die anderen Unterseiten ähnlich ausrichten. Dies hängt jedoch von der Art der Unterseite und der Zielrichtung der Internetpräsenz ab.

Die Startseite befindet sich in einem Dashboard. Es ist sehr hilfreich, wenn man in der weiteren Verwendung von Google Analytics, wenn man also kein Anfänger mehr ist, seine Dashboards bearbeiten kann und seine Berichte zusammenstellt.

Bevor man sich aber an die Bearbeitung bzw. Erstellung von Dashboards machen kann, muss man erst einmal wissen, was Dashboards eigentlich sind. Ein Dashboard gleicht einem Menü oder den Instrumenten, die man in einem Auto sieht. Ein Dashboard dient dazu, eine Übersicht über die Entwicklung bzw. die erhobenen Daten zu gewinnen. Wenn man weiß, wie man ein Dashboard bearbeitet, kann man die Daten danach sortieren, welche einem am wichtigsten sind und welche man nicht so unbedingt braucht. Die wichtigsten Infos kommen dann ganz an den Anfang und der Rest verschwindet oder wird zumindest nach hinten verschoben.

Die Dashboards selbst wiederum setzen sich aus bestimmten Teilen zusammen. Diese Teile werden Widgets genannt. Jeder dieser Widgets gleicht dem Instrument in der Anzeige im Auto. Jedes Widget stellt also einen gewissen Wert dar, der zuvor mit den Google Analytics erhoben wurde. Zum Beispiel kann ein solches Widget die Anzahl der Besucher auf der Webseite anzeigen. Welche Widgets man benutzen möchte, das kann man dann über die Bearbeitung der Dashboards festlegen.

Ein neues Dashboard kann man über den Menüpunkt „Personalisieren" anlegen bzw. ein bestehendes Dashboard über diesen Punkt seinen Wünschen anpassen. Um ein neues Dashboard anzulegen, klickt man unter dem Menüpunkt „Personalisieren" einfach auf „Erstellen". Dieser Button ist sehr auffällig, denn er ist in Rot gehalten.

Als Nächstes bekommt man eine Auswahl von Möglichkeiten für die Erstellung des neuen Dashboards angezeigt. Die erste Variante ist, ein „Starter-Dashboard" zu erstellen. Ein Starter-Dashboard ist die einfachste Variante eines neuen Dashboards und damit gerade für Anfänger gut geeignet. Es enthält die üblichen Widgets, die sich nach allgemeiner Auffassung auf einem Dashboard befinden sollten. Ist dieses Dashboard erst einmal erstellt, kann man es mit der Zeit seinen Wünschen und Vorlieben anpassen. Man kann also mit diesem Dashboard anfangen und mit ihm lernen und seinen neu gemachten Erfahrungen anpassen.

Wer schon etwas Erfahrung gesammelt hat, kann auch ein anderes Format auswählen. Dazu geht man auf die Galerie. Dort gibt es eine große Anzahl an Templates zur Auswahl, die eine unterschiedliche Anordnung der Widgets aufweisen. Eine gute Hilfe hier ist das „New Google Analytics User Starter Bundle". Wenn man dieses auswählt, dann erhält man sofort eine Reihe von Widgets, die als Standard angesehen werden, mit dem neuen Dashboard. Man kann diese Auswahl dann noch bearbeiten bzw. deren genaue Anordnung bestimmen.

Wer es ganz persönlich mag, kann ein komplett unformatiertes Dashboard erstellen. Dieses braucht einen vernünftigen Namen und ist im Prinzip eine leere Hülse, die man dann nach Belieben mit Widgets füllen kann.

Ist die Wahl getroffen, ob man es mit einem Starter-Dashboard, einem Template oder einem unformatierten Dashboard versuchen will, dann klickt man auf „Importieren". Als Nächstes erhält man eine Liste der verfügbaren Segmente, Berichte oder Widgets. Sind auch diese ausgewählt, klickt man auf „Erstellen". Schon befindet sich das neue Dashboard in der Auswahl und kann aufgerufen werden.

Die Dashboards können unterschiedliche Gebiete abdecken und es macht absolut Sinn, diese nach den Gebieten sowohl zu unterteilen als auch zu benennen. Jedes Dashboard ist auf maximal 12 Widgets begrenzt, sodass man am besten ein Dashboard für SEO, eines für AdWords und eines für die sozialen Netzwerke anlegt.

Ist ein Dashboard erstellt, dann will man es vielleicht bearbeiten oder auch wieder löschen, falls es nicht ganz so gelungen ist. Auch dafür gibt es entsprechende Buttons. Mit der Schaltfläche „Dashboard anpassen" kann man das Dashboard bearbeiten. Hier kann man die

Widgets anordnen, Widgets entfernen oder welche hinzufügen. Sollte das Dashboard jedoch ganz misslungen sein oder es seine Aufgabe erfüllt haben, dann kann man es mit der Schaltfläche „Dashboard löschen“ ganz aus der Welt schaffen.

Die Berichte, die mit dem Dashboard bearbeitet werden, kann man dann speichern, teilen, exportieren oder bearbeiten. Letzteres ist besonders dann wichtig, wenn man sie als benutzerdefinierten Bericht in einem Vortrag verwenden möchte.

Die Widgets selbst können ebenfalls bearbeitet werden. Dazu geht man mit dem Mauszeiger auf das entsprechende Widget, das man bearbeiten möchte. In der rechten oberen Ecke befindet sich das Symbol eines Bleistiftes. Auf dieses Symbol klickt man und kann dort die Messwerte einstellen, die angezeigt werden sollen. Der Klick öffnet eine Liste, aus der man dann die gewünschten Daten auswählen kann.

Das Dashboard kann man sich, so man das möchte, auch per E-Mail zuschicken lassen. Dies erleichtert es, auch fern des eigenen Büros, zum Beispiel auf Reisen, einen Überblick zu erhalten. Ebenso muss man sich nicht extra einloggen. Wichtiger noch, man kann den Bericht auch exportieren und als Datei verwenden.

Um das Dashboard als E-Mail zu erhalten, geht man einfach auf das Dashboard-Menü. Dort wählt man den Punkt „E-Mail“. Danach gibt man dann die E-Mail-Adresse ein, zu der das Dashboard gesendet werden soll. Wer will, kann auch eine zeitliche Begrenzung für das Senden des Dashboards eingeben. Dies geht unter den „Erweiterten Optionen“. Damit kann man das Dashboard eben nur während der Zeit einer Reise erhalten oder während man eine Konferenz besucht.

Das Dashboard wird als PDF abgesendet. Falls man nur einmal ein solches PDF wünscht, nicht aber unbedingt ein Versenden per E-Mail definieren möchte, kann man auch unter dem Menüpunkt „Export“ sofort einen PDF-Bericht erstellen und diesen dann auf seinem Computer speichern.

# Basis-Tracking und Datenschutz

Das Beobachten der eigenen Webseite, das heißt der Besucher, deren Aktionen, was angesehen wird usw., wird als Tracking bezeichnet. Um nun die Seite beobachten zu können, muss eine Verbindung zwischen der eigenen Seite und Google Analytics aufgebaut werden. Diese Verbindung besteht durch den Google Analytics Tracking-Code.

Um den Google Analytics Tracking-Code verwenden zu können, muss man diesen erst einmal kennen. Diesen kann man in dem Menü der Google Analytics abrufen. Dazu geht man in dem eigenen Konto auf den Menüpunkt „Verwaltung". Dann wählt man den Unterpunkt „Property" und danach „Tracking-Informationen". Dann klickt man auf „Tracking-Code" und schon bekommt man den Code angezeigt. Dazu gibt es auch gleich noch die Tracking-ID mitgeliefert.

Ist der Tracking-Code gefunden, muss man diesen auf der Webseite, die mit Google Analytics beobachtet werden soll, einsetzen. Dazu kann man ihn direkt einbinden oder den Google-Tag-Manager verwenden.

Die direkte Einbindung geschieht dadurch, dass man den Tracking-Code erst einmal kopiert. Dann fügt man ihn in den Code der Webseite mit ein. Dies muss jedoch vor dem </head>-Tag, welches die Seite schließt, geschehen. Die Einbindung in die Seite hängt auch von deren Code und deren Programmierung ab und sollte am besten von der Person erledigt werden, die die Seite als Erstes erstellt hat. Mit dem Google-Tag-Assistant kann man nach der Einbindung überprüfen, ob sie erfolgreich war und die Seite von den Google Analytics beobachtet wird.

Alternativ kann die Einbindung über den Google-Tag-Manager erfolgen. Dabei handelt es sich um das zentrale Werkzeug zum Einrichten und Bearbeiten der Tracking-Codes. Das erleichtert die Arbeit, denn man muss den Tracking-Code nicht mehr in die jeweilige Seite einbinden.

Der Google-Tag-Manager enthält mehrere Tracking-Codes. Man wählt also als Erstes den Tracking-Code aus, der der Anwendung bzw. den Daten entspricht, die man erheben möchte. Der Google-Tag-Manager hält zwei Codes bereit, die die Verwendung der anderen Codes ermöglicht. Den ersten dieser beiden Codes baut man in den Head-Bereich der eigenen Seite ein und den Zweiten in den Body-Bereich. Damit können dann all die unterschiedlichen Codes automatisch zugeordnet werden, die dann die Erhebung der gewünschten Daten ermöglichen.

Um die einzelnen Codes zuzuordnen, geht man auf den Menüpunkt „Arbeitsbereich“ und wählt dort „Neues Tag hinzufügen“ aus. Dann klickt man auf den gewünschten Code. Dabei sollte als Erstes immer das Tag „Universal Analytics“ ausgewählt werden. Für dieses Tag bedarf es dann einiger Grundeinstellungen.

Zuerst gibt man für das neue Tag einen Namen ein. Mit diesem Namen kann man es später in dem Tag-Manager wiederfinden. Dann gibt man die Tracking-ID ein, die man in dem beschriebenen Menü in den Google Analytics findet. Sodann legt man den Trackingtyp fest. Danach braucht man noch einen Auslöser und dann speichert man die gemachten Einstellungen. Sind alle Einstellungen zur eigenen Zufriedenheit erstellt und gespeichert, dann wird es Zeit, auf „Veröffentlichen“ zu klicken. Jetzt sind die einzelnen Tracking-Codes eingebunden und können verwendet werden. Mit dem Google-Tag-Assistant kann man dann überprüfen, ob die Codes auch wie gewünscht funktionieren.

Theoretisch kann man die Google Analytics jetzt verwenden, doch man sollte noch ein paar weitere Vorkehrungen treffen, denn ansonsten könnte man mit den Datenschutzgesetzen kollidieren. Man wird diesen Gesetzen jedoch gerecht, wenn man die IP-Anonymisierung und eine Datenschutzerklärung benutzt, einen Hinweis auf Cookies gibt und einen speziellen Vertrag mit Google über die Verarbeitung der Daten abschließt.

Jeder Internetnutzer verfügt über eine IP-Adresse. Wenn man diese speichert, kann man jede Aktion eines Nutzers der jeweiligen Person zuordnen. Dies würde jedoch den Nutzer zu einem gläsernen Menschen machen und ist daher nicht erlaubt. Man muss die IP-Adressen also anonymisieren. Dies geschieht, indem die letzten Zahlen der IP-Adresse nur so übermittelt werden, dass der Server der Google Analytics diese nicht mehr erkennen kann.

Hat man den Tracking-Code direkt in die Webseite eingebunden, dann muss die Anonymisierung direkt in diesem Code vorgenommen werden. Dies ist jedoch eher von einem Programmierer zu erledigen, damit man auch wirklich sicher sein kann, dass sie funktioniert.

Wer den Google-Tag-Manager benutzt, geht einfach dort in das Menü „Weitere Einstellungen“. Im Untermenü „Festzulegende Felder“ fügt man das Feld „anonymize IP“ und danach das Wort „true“ hinzu. Diese Änderung speichert man, bevor man das neue Tag veröffentlicht. Dann sind die IP-Adressen der Nutzer geschützt und können nicht mehr einzelnen Personen zugeordnet werden.

Wer Google Analytics für seine Webseite benutzt, muss auch die Besucher dieser Webseite informieren. Dazu setzt man einen entsprechenden Hinweis, der auch die Verwendung von Cookies erwähnt. Dazu kommt noch eine Datenschutzerklärung. Hier kann es unter Umständen nötig sein, sich mit einem Fachanwalt zu beraten, denn die Regelungen ändern sich hin und wieder und man sollte mit seinen Hinweisen dem neuesten Stand der Vorschriften entsprechen.

Für die Verarbeitung der Daten braucht man einen entsprechenden Vertrag, der das deutsche Datenschutzrecht beinhaltet. Dafür gibt es einen Vordruck, der den sogenannten Privacy-Shield-Regeln entspricht. Diese Regeln wurden zwischen der EU und den USA ausgehandelt. Es ist wichtig, sicherzustellen, dass man die neueste Version dieses Vertrages aus dem Internet herunterlädt.

Ist der Tracking-Code eingegeben, sind die Hinweise gesetzt und ist der Vertrag abgeschlossen, dann steht einer Verwendung der Google Analytics nichts mehr im Wege.

# Daten und Filter

Unter dem Menüpunkt „Berichte“ bekommt man die Daten der Seite, die man beobachtet, präsentiert. Diese Ansicht kann man natürlich bearbeiten und hier sollte man auch Filter einsetzen. So kann man die internen Besucher und den Spam aus der Bearbeitung herausfiltern, sodass diese das Ergebnis nicht verzerren.

Ist eine Ansicht aktiviert, kann man über den Menüpunkt „Verwalten“ diese Ansicht bearbeiten. Hier kann man als Erstes der Ansicht einen Namen geben. Dieser Name sollte die Funktion bzw. die Webseite, die beobachtet wird, benennen. Dies erleichtert es später, wenn man verschiedene Ansichten für verschiedene Seiten verwendet, die richtige Ansicht auszuwählen.

Neben dem Namen der Ansicht kann man hier auch die URL der beobachteten Webseite eingeben. Das ist immer dann von Vorteil, wenn man den Bericht exportieren und für eine Präsentation verwenden möchte.

Die Zeitzone wird ebenfalls hier eingestellt und dies sollte korrekt geschehen. Nur so kann man später die richtigen Informationen mit der richtigen Zeit und dem richtigen Datum erhalten, was für das Starten eines neuen Inhalts oder Angebotes von erheblichem Belang ist.

Als Nächstes können bestimmte Suchparameter von einer Suche ausgeschlossen werden. Dies ist später noch wichtig und wird dann auch noch näher erläutert.

Wird eine Seite beobachtet, die in irgendeiner Weise mit Geld in Verbindung steht, wie zum Beispiel ein Onlineshop, dann muss die Währung eingestellt werden. Damit wird es dann möglich, exakte Werte für die Conversion zu bekommen.

Danach kann man die Option „Bots herausfiltern" aktivieren. Oftmals werden Seiten durch Bots oder Spider aufgerufen. Dabei handelt es sich um automatische Aufrufe, die nicht mit Nutzern in direkter Verbindung stehen und damit überhaupt keinen Werbeeffekt aufweisen. Mit dieser Option können die Aufrufe durch bekannte Bots und Spider aus den Google Analytics herausgefiltert werden, sodass nur noch durch Menschen ausgelöste Aktionen angezeigt werden.

Natürlich lassen sich weitere Ansichten definieren. Dies ist zum Beispiel dann nötig, wenn man mehr als eine Webseite gemeinsam auswertet. So kann man zum einen alle Seiten einzeln anzeigen und dann in einer gemeinsamen Ansicht ihre totalen Werte erstellen. Ebenso hilft es bei der Auswertung einer Domain mit mehreren verschiedenen Subdomains. Eine weitere Anwendung ist eine sogenannte Back-up-Ansicht.

Bei der Back-up-Ansicht handelt es sich um eine Ansicht ohne zwischengeschaltete Filter. Eine normale Ansicht sollte man mittels Filter um verschiedene, an sich belanglose oder irreführende Informationen erleichtern. Dennoch ist es wichtig, eine Ansicht ohne diese Filter zu haben, um die kompletten Zahlen darzustellen. So kann man verschiedene Einsichten gewinnen, die man ansonsten mit den Filtern vielleicht übersehen würde.

Die Dashboards bzw. Ansichten enthalten Traffic, der auch durch einen selbst bzw. die Mitarbeiter des eigenen Unternehmens entstehen. Wann immer man selbst oder ein Mitarbeiter die Seite betritt, gilt dies als ein Besucher. Dies kann jedoch die Analyse bzw. deren Ergebnis verzerren und sollte herausgefiltert werden.

Um den internen Traffic herauszufiltern, muss man alle festen IP-Adressen der Mitarbeiter bzw. des Unternehmens eingeben. Leider bleiben dann aber noch die wechselnden IPs unerkannt und werden als Besucher gezählt. Dennoch ist es gut, diesen internen Traffic, soweit es geht, aus den Analytics auszuschließen. Dazu geht man auf das Dashboard, welches den internen Traffic ausschließen soll. Dort klickt man auf „Verwalten“ und dann auf „Filter hinzufügen“. Dann gibt man im nächsten Schritt den Namen des neuen Filters ein. Als Nächstes wählt man den Filtertyp und die Option „Ausschließen“. Dann wählt man das Filterfeld „IP-Adresse“ und gibt als Nächstes die Adressen ein, die herausgefiltert werden sollen. Ein Problem bereitet hier die Anonymisierung. Diese schneidet die letzten Stellen ab, daher gibt man die letzten Zahlen nach dem letzten Punkt nicht mehr ein. Dies bedeutet auch, dass man alle Adressen ausschließt, die sich die anderen Stellen der IP-Adressen teilen. Als letzten Schritt klickt man auf „Speichern“. Der Filter ist nun aktiv.

Umgekehrt kann man den Filter anstatt auf „Ausschließen“ auf „Ausschließlich“ setzen. Dann wird nur der Traffic der eingegebenen IP-Adressen überprüft. So kann man alle internen Zugriffe nachverfolgen.

Die Google Analytics werden, ähnlich wie eine E-Mail-Adresse, auch oftmals das Opfer von Spamming. Hier geht es jedoch nicht um Phishing oder fragwürdige Angebote, sondern es geht um die Verfälschung von statistischen Daten. Dies führt dazu, dass die gemachten Auswertungen einfach falsch und damit unverwertbar sind. Daher ist es wichtig, dieses Spamming aus den Google Analytics herauszufiltern.

Google Analytics hält mehrere Filter bereit, die diese Spammer erkennen und von einer Verwertung ausschließen. Hier ist es jedoch besser, einen echten Programmierer zu bemühen, denn die verschiedenen Filter gehen sehr tief in die Google Analytics und sind für einen Anfänger nicht mehr verständlich. Es ist jedoch wichtig, zu verstehen, dass es zu Spam Attacken kommen kann und dass man dagegen Maßnahmen ergreifen kann und sollte.

# Verknüpfung von Konten

Google verfügt nicht nur über Google Analytics und daraus folgt, dass man mehr als nur ein Konto auf Google hat. Das Gute an Google Analytics ist, dass man alle diese Konten damit verbinden kann. Dadurch lassen sich die verschiedenen Ergebnisse in einer Ansicht darstellen und auswerten. Ohne diese Möglichkeit müsste man alle Konten einzeln verwalten und auswerten, was nicht nur mühsam ist, sondern auch gleichzeitig verhindert, dass man einen großen Überblick erhält.

Als Erstes sollte man das AdWords-Konto mit Google Analytics verknüpfen. So kann man die Kampagnen in AdWords direkt analysieren. Selbst Keywords und deren Erfolge lassen sich darstellen. Umgekehrt erlaubt die Verknüpfung das Auswerten anderer Informationen von Google Analytics auch im AdWords-Konto. Wichtig ist dabei, dass beide Konten, das Konto auf Google Analytics und das Konto bei AdWords, dem gleichen Google-Konto zugeordnet sind. Ist dies nicht der Fall, braucht man zuerst ein AdWords-Verwaltungskonto.

Die Verknüpfung der Konten auf AdWords und Google Analytics ist nicht schwer. Als Erstes geht man in das Konto bei Google Analytics. Dort klickt man auf den Menüpunkt „Verwaltung“ und wählt die Ansicht aus, die mit dem AdWords-Konto verbunden werden soll. Als Nächstes muss man auf „AdWords-Verknüpfung“ klicken. Es öffnet sich eine neue Seite mit einer Liste der verfügbaren

AdWords-Konten. In dieser Liste wählt man nun das Konto aus, das mit dieser Ansicht verbunden werden soll. Jetzt klickt man auf „Weiter“.

Im nächsten Schritt muss die Verbindung zwischen beiden Konten genauer eingerichtet werden. Dazu braucht diese Verbindung einen Namen, den man in das entsprechende Feld eintippt. Dann müssen die Dashboards ausgewählt werden, die die Daten des AdWords-Kontos darstellen sollen. Danach gilt es, in den erweiterten Einstellungen die automatische Tag-Kennzeichnung einzustellen. Alle Tags sollten für AdWords aktiviert werden. Dann setzt man das Häkchen im Punkt „Datenfreigabe“ und klickt auf „Konten verknüpfen“. Schon sind beide Konten miteinander verbunden.

Für die Nutzer von AdSense gibt es eine gute Nachricht. Auch dieses Konto kann mit Google Analytics verbunden werden. Damit kann man den Umsatz, Klicks und Impressionen, die AdSense als Daten liefert, auch in den Google Analytics einsehen.

Wieder geht man zuerst in das Konto bei Google Analytics. Dann klickt man auf „Verwaltung“. Danach wählt man unter dem Punkt „Property“ aus, was man verbinden will und klickt auf „Neue AdSense-Verknüpfung“. Dann wählt man im nächsten Schritt die Properties von AdSense, die verbunden werden sollen. Jetzt klickt man auf „Weiter“ und dann wählt man die Dashboards von Google Analytics, die die AdSense-Daten darstellen sollen. Zuletzt geht man auf „Link aktivieren“. Beide Konten sind nun verbunden.

Gute Webseiten haben eine Suchfunktion eingebaut. Zu wissen, wonach dic Nutzcr suchen, bedeutet, dass man seine Seite dem anpassen kann. Daher ist es eine gute Idee, das Site-Search-Tracking zu aktivieren.

Für eine Aktivierung des Site-Search-Trackings geht man zuerst innerhalb seines Google-Analytics-Kontos auf den Menüpunkt „Verwalten“. Dann wählt man die Property und die Datenansicht aus. Als Nächstes klickt man auf „Einstellungen der Datenansicht“. Unter dem Punkt „Site-Search-Tracking“ klickt man auf „Aktivieren“. Dann muss man noch die Parameter der URL eingeben. Danach speichert man dies ab und schon werden Suchanfragen der Nutzer festgehalten und können ausgewertet werden. Um diese anzusehen, geht man in den Google Analytics auf den Punkt „Nutzerverhalten“.

# Aktionen, Conversions und Events

Es ist nicht genug, zu sehen, wie viele Nutzer auf die eigene Seite gekommen sind und wie viele Nutzer sie wieder verlassen haben. Eine Webseite, die mit Google Analytics beobachtet wird, hat immer einen bestimmten Zweck. Dies kann direkt der Verkauf eines Produktes sein, die Bestellung eines Service oder ein Werbeauftritt. In jedem Fall soll eine Aktion, eine Conversion, also eine Umwandlung eines Besuchers in einen Kunden oder ein bestimmtes Ereignis erreicht werden. Daher ist es wichtig, mittels der Google Analytics zu überprüfen, ob das Ziel erreicht wurde.

Was Google Analytics typischerweise erfasst, ist das Hinzufügen von Waren in einen Warenkorb. Ebenso werden Bestellungen in einem Onlineshop festgehalten. Dazu kommt das Scrollverhalten, das Ausfüllen von Kontaktformularen oder das Benutzen eines bestimmten Links. Diese Interaktionen mit der Webseite erlauben nicht nur, festzustellen, ob ein bestimmtes Ziel erreicht wurde. Es erlaubt vor allem, die Webseite zu verbessern.

Damit Google Analytics das Verhalten der Nutzer auf der Webseite hinsichtlich der gewünschten Ziele verfolgt, muss ein darauf ausgerichtetes Tracking eingerichtet werden. Wer zum Beispiel die Conversionrate messen möchte, muss ein Conversion-Tracking beginnen. Dazu ist es noch vor dem eigentlichen Einrichten des Trackings nötig, zu bestimmen, worin die Conversion bestehen soll. Dabei wird zwischen einer kleinen und einer großen Conversion unterschieden. Die kleine Conversion ist einfacher zu verfolgen, und darum soll hier damit begonnen werden.

*Tracking einer kleinen Conversion*

Eine kleine Conversion besteht gewöhnlich darin, dass ein bestimmtes Kontaktformular auf der Seite ausgefüllt und danach abgeschickt wird. Dazu bedarf es dann noch in einem weiteren Schritt der Bestätigung für die Abgabe des Kontaktformulars. Die Bestätigung erfolgt auf der nächsten Seite, die nach dem Absenden des Kontaktformulars automatisch geöffnet wird.

Um das Tracking der kleinen Conversion einzurichten, geht man in seinem Google Analytics-Konto auf den Punkt „Verwaltung“. Dort wählt man wieder die Property und die Datenansicht aus. Als Nächstes geht man auf „Zielvorhaben“ und klickt auf „Neues Zielvorhaben“. Es öffnet sich die Option, eine Vorlage zu verwenden oder ein „Benutzerdefiniertes Zielvorhaben“ einzugeben. Glücklicherweise gibt es eine Vorlage für die kleine Conversion, sodass man kein eigenes Zielvorhaben definieren muss. Um die kleine Conversion auszuwählen, geht man auf „Anfrage“ und dann „Kontakt“. Danach klickt man auf „Weiter“.

Es öffnet sich eine neue Seite, in der man das Zielvorhaben näher beschreibt. Als Erstes braucht man dafür einen Namen, damit man das Zielvorhaben später sofort wiedererkennen und darauf zugreifen kann. Dies ist wichtig, damit man es auch in den Google Analytics wiederfindet.

Das Zielvorhaben bekommt dann eine ID und wird zu einer Gruppe von Zielvorhaben hinzugestellt. Diese Gruppe kann nur aus diesem einen Zielvorhaben bestehen oder andere, ähnlich gelagerte Zielvorhaben einschließen.

Als Nächstes legt man den Typ des Zielvorhabens fest. Das ist ganz einfach. Hier klickt man nur auf den Punkt „Ziel". Dann wählt man den Punkt „Weiter", um das Ziel für Google Analytics zu bestimmen.

Google Analytics braucht ein klar definiertes Ereignis, um festzustellen, ob das Ziel erreicht wurde. Hier ist das Ziel, dass der Besucher seine Kontaktdaten in ein Kontaktformular eingibt, diese absendet und dann eine Bestätigung dafür abgibt. Ist dies alles getan, wird dem Besucher normalerweise eine Unterseite gezeigt, auf der ihm für seine Anmeldung gedankt wird. Diese Unterseite kann man nun benutzen, um das eigentliche Ziel zu definieren. Dazu nimmt man die genaue URL dieser Unterseite, auf der dem Besucher nach dessen Anmeldung gedankt wird. Diese URL trägt man in den Abschnitt „Ziel" ein. Sobald diese Unterseite dann aufgerufen wird, was immer dann geschieht, wenn eine Anmeldung erfolgt, weiß Google Analytics, dass das Ziel erreicht wurde.

Oftmals hat eine Seite verschiedene Zielvorhaben mit einer unterschiedlichen Gewichtung. So kann ein Onlineshop sowohl das Ziel, dass sich jemand anmeldet, definieren und dazu noch Zielvorhaben benutzen, dass jemand die Seite weiterempfiehlt oder einen tatsächlichen Kauf vornimmt. Diese Zielvorhaben sind jedoch nicht gleichwertig, daher sollte ihnen ein unterschiedlicher Wert zugefügt werden. Der Wert wird in Geld angegeben und man kann Google Analytics zum Beispiel für eine Weiterempfehlung einen Wert von 5 € eingeben, für eine Anmeldung 10 € und für eine Bestellung 20 €.

Sind die Zielvorhaben vorhaben komplexer, kann zu deren Realisierung eine bestimmte Abfolge von Aktionen nötig sein. Diese kann man als Abfolge für Google Analytics definieren und dann unter „Conversion“ > „Zielvorhaben“ > „Trichtervisualisierung“ darstellen.

Sind alle Einstellungen vorgenommen, dann fehlt nur noch ein letzter Klick auf „Speichern“ und das neue Zielvorhaben ist fertig. Man kann dann in den Google Analytics im Bereich „Conversion“ und dann „Zielvorhaben“ die Berichte einsehen.

*Tracking einer großen Conversion*

Das Tracking einer großen Conversion ist ein wenig umfangreicher. Eine große Conversion ist zum Beispiel die Bestellung eines Artikels in einem Onlineshop. Dabei will man jedoch gewöhnlich nicht einfach nur den simplen Fakt einer Bestellung festhalten. Man braucht auch weitere Informationen darüber, welche Produkte zu welchem Preis bestellt wurden. So kann man sehen, welche Produkte und welche Kanäle die meisten Umsätze bringen.

Zielvorhaben bekommen einen festen Wert zugeteilt. Demzufolge ist diese Art des Trackings nicht nützlich, wenn man die vielen Variablen eines Internetkaufes erfassen will. Dazu gehören nämlich neben dem Kauf selbst, neben dem Produkt und dessen Preis auch Angaben über die Versandkosten und die Steuern.

Für das Tracking solcher umfangreichen Vorgänge mit einer entsprechenden Anzahl an Variablen verfügt Google Analytics über eine spezielle Form des Trackings, das sogenannte E-Commerce-Tracking.

Das E-Commerce-Tracking erfasst nicht nur die Bestellungen selbst bzw. den Inhalt der Warenkörbe. Selbst zurückgegebene Artikel werden erfasst. Dazu kommt eine Zuordnung zu verschiedenen Herkünften der Nutzer. Damit kann man sehen, ob diese aus den sozialen Netzwerken, von Google und Co oder auf anderen Wegen auf die eigene Seite gelangt sind. Man kann also im Weiteren seine Werbemaßnahmen auf die erfolgreichen Kanäle konzentrieren.

Im ersten Schritt muss das E-Commerce-Tracking aktiviert werden. Dazu geht man in seinem Konto auf den Punkt „Verwaltung“ und wählt wieder die Property und die Datenansicht aus. Als Nächstes klickt man auf „E-Commerce-Einstellungen“.

Nach der Aktivierung geht man dann in die „Erweiterten E-Commerce-Einstellungen“. Diese sind aber nur dann von Belang, wenn man mehr als nur den Inhalt eines Warenkorbs und den Wert der Bestellungen beobachten möchte.

Nachdem die erweiterten Einstellungen vorgenommen wurden, muss man noch das E-Commerce-Plug-in herunterladen und den Tracking-Code eingaben. Wenn jetzt jemand eine Bestellung auf der Seite des Onlineshops eingibt, erhält Google Analytics sofort die weiteren Informationen, die man zuvor zur Beobachtung und Analyse eingestellt hat.

*Event-Tracking*

Neben dem Tracking von Conversions kann man auch Events, also Ereignisse, beobachten und auswerten lassen. Solche Ereignisse bzw. Aktionen können das Anklicken eines Links, der Download einer bestimmten Datei oder eines Programmes, das Scrollen auf dem Bildschirm oder ein Like auf Facebook sein. Die festgehaltenen Ereignisse werden dann als Bericht unter dem Punkt „Verhalten“ und dort unter „Ereignisse“ auf Google Analytics dargestellt. Dabei werden vier Informationen angezeigt. Dies ist die Kategorie des Ereignisses, die Aktion, das Label und der Wert.

Will man zum Beispiel den Download eines kostenlosen E-Books als Ereignis beobachten, dann geht das nicht direkt über den Download selbst. Dieser wird nicht von den Google Analytics erkannt. Was Google Analytics jedoch erkennen kann, ist, wenn jemand auf den Downloadlink klickt. Daher wird dieser Klick als Ereignis ausgewählt.

Für die Kategorie des Events gibt man dann „Download“ ein. Die Aktion ist der eigentliche Download. Als Label verwendet man den Link zu diesem Download und den Wert gibt man entsprechend der Gewichtung ein, den man selbst diesem Event zuspricht. Hat man mehrere Downloads auf der eigenen Webseite, dann definiert man einfach verschiedene Events und gibt sie, je nach ihrer relativen Wichtigkeit, einen Wert.

# Tracking von Kampagnen

Das Tracking von Kampagnen ist mit zwei weiteren Funktionen verbunden, die für die Benutzung dieses Trackings, aber auch für andere Aktivitäten, sehr wichtig sind. Das Erste ist das Setzen eines Vermerks. Damit kann man für später festhalten, was man an seiner Seite verändert hat oder wann man welche Kampagne gestartet hat. Das andere sind die benutzerdefinierten Benachrichtigungen, damit man über die neuesten Entwicklungen sofort unterrichtet wird.

*Vermerke*

Vermerke sorgen für mehr Überblick. Damit kann man festhalten, wenn man etwas auf seiner Webseite geändert oder eine neue Kampagne gestartet hat. Das geht dann auch noch Jahre später, sodass man verschiedene alte Aktionen mit neuen Optionen vergleichen kann.

Direkt in den Google Analytics befindet sich der Menüpunkt „Neuen Vermerk erstellen“. Ein Klick darauf öffnet das Feld, in welchem der Vermerk eingetragen werden kann. Dazu gibt es eine Reihe von Optionen. So kann man zum Beispiel den Vermerk nur für sich oder für alle sichtbar machen, die auf diese bestimmte Property Zugriff haben.

Nach dem Anlegen erscheint der Vermerk als Darstellung einer Sprechblase in dem Diagramm, in welchem er erstellt wurde. Will man den Vermerk dann später wieder lesen, klickt man auf die Sprechblase. Es öffnet sich ein kleines Fenster und man kann lesen, was man damals notiert hat.

Vermerke sollten auf jeden Fall für jede neue Werbekampagne angelegt werden, aber auch jede Änderung an der Webseite ist einen Vermerk wert. Nur damit kann man noch nach Monaten bzw. Jahren nachvollziehen, was eine Veränderung des Nutzerverhaltens bewirkt hat.

*Benutzerdefinierte Benachrichtigungen*

Die benutzerdefinierten Nachrichten sind das Tool der Google Analytics, um seine Anwender unverzüglich über wichtige Ereignisse zu informieren. Welche Ereignisse dies sind, das legt ein jeder Anwender für sich selbst fest.

Mit den benutzerdefinierten Benachrichtigungen kann man zum Beispiel überwachen, ob die Trackings bzw. die Tags noch immer funktionieren. Dazu definiert man nur einen Wert für die Anzahl der Besucher. Dieser Wert sollte nicht unbedingt dem täglichen Durchschnitt entsprechen, sondern sich etwas unterhalb der üblichen Tiefstwerte bewegen. Fällt nun die festgestellte Anzahl an Besuchern unter diesen Wert, dann ist die Wahrscheinlichkeit groß, dass etwas mit dem Tracking bzw. den Tags nicht stimmt. Hat man diesen Wert für eine benutzerdefinierte Benachrichtigung gewählt, bekommt man sofort eine Nachricht und kann eingreifen.

Das Tracking bzw. die Tags können von mehreren Maßnahmen betroffen werden. Das kann einmal eine Änderung durch den IT-Beauftragten der Firma sein. Dies kann eine Änderung durch eine Agentur sein, die man mit der Pflege der Webseite beauftragt hat.

Tausend kleine Dinge können in einem solchen Fall schiefgehen. Selbst Updates oder Plug-ins können hier zu einem Problem führen. Daher sollte man immer im Bilde sein, wenn etwas auch nur anfängt, sich von den üblichen Werten zu entfernen.

Um eine neue Benachrichtigung anzulegen, geht man zuerst in den Punkt „Verwaltung". Dort wählt man die Property und danach die Datenansicht aus, für die man seine benutzerdefinierte Benachrichtigung anlegen möchte. Dort klickt man auf „Benutzerdefinierte Benachrichtigungen" und dann auf „Neue Benachrichtigung".

Im nächsten Schritt legt man fest, wann die benutzerdefinierte Benachrichtigung abgeschickt wird und worüber sie informieren soll. Bleiben wir bei dem Beispiel, dass die Anzahl der Besucher unter einen bestimmten Wert fällt.

Als Erstes braucht die neue Benachrichtigung einen Namen, denn so kann man später sofort feststellen, um welches Problem es sich handelt. Im nächsten Schritt wählt man den Zeitraum für die Überwachung auf. Diese kann jeden Tag, einmal die Woche oder einmal im Monat stattfinden. Hier geht es jedoch um eine Benachrichtigung hinsichtlich eines aktuellen Problems. Daher empfiehlt es sich hier, die Benachrichtigung auf „täglich" einzustellen.

Die Nachricht muss auch als E-Mail-Benachrichtigung definiert werden. Dann bekommt man sie sofort an seine E-Mail-Adresse gesandt. Gleichzeitig kann man sie auch im Menüpunkt „Personalisieren" unter „Benutzerdefinierte Benachrichtigungen" einsehen.

Jetzt muss festgelegt werden, wann diese Benachrichtigung abgeschickt werden soll. Dies geschieht über „Alle Zugriffe" und dann

„Ist weniger als". Dort öffnet sich ein Feld, in welches man den Wert eingibt, der etwas unter dem üblichen Tiefstwert liegt. Dann klickt man auf „Speichern" und schon ist die Benachrichtigung fertig. Sollte jetzt die Anzahl der Besucher gefährlich absinken, bekommt man sofort eine E-Mail und kann entsprechend reagieren.

*Das Kampagnentracking*

Das Kampagnentracking kann für verschiedene andere Konten eingerichtet werden. Damit kann man für eine Seite unterschiedliche Kampagnen beobachten und ihre Auswirkungen gemeinsam, an einer Stelle, messen und auswerten. Die Kampagne kann Newsletter verfolgen, neue Banner und andere Marketingmaßnahmen. Dies erlaubt es, die verschiedenen Werbemaßnahmen auf ihren Erfolg hin zu messen. Dann kann man sich auf die erfolgreichen Strategien konzentrieren und so seine Werbemittel effizienter einsetzen. Das Kampagnentracking erlaubt es, genau zu erfahren, welche Besucher von welcher Quelle kommen, sprich, welche Werbeanstrengung wie viele Besucher gebracht hat. Dies geht aber auch über Conversions, zum Beispiel, indem man die Bestellungen in einem Onlineshop verfolgt.

Das Kampagnentracking gleicht dem Tracking von Zielvorhaben insoweit, als dass die Links bzw. die URLs bestimmter Seiten verfolgt werden. Kommt zum Beispiel nach einer Bestellung in einem Shop eine neue Seite, wo dem Käufer für den Kauf gedankt wird, ist diese Dankesseite bzw. ihre URL das Zeichen für einen Erfolg, also eine Conversion. Soll der Erfolg in einem Download bestehen, dann wird das Aufrufen der Downloadseite als Erfolg von Google Analytics festgestellt. Diese Zielvorhaben lassen sich nun ganz einfach in ein

Kampagnentracking umwandeln. Dazu braucht man einige sogenannte Parameter, die man an die URL des Zieles anhängt.

Die Parameter, die für das Kampagnentracking verwendet werden, sind die sogenannten „utm-Parameter“. Davon gibt es insgesamt fünf: utm_source, utm_medium, utm_campaign, utm_term und utm_content. Die ersten drei Parameter sollten immer verwendet werden und die letzten beiden immer nur dann, wenn sie nötig sind. Sie erlauben eine Unterscheidung nach Keywords und Werbemitteln.

Der Parameter „utm_source“ erlaubt es festzustellen, woher der Besucher kommt. Dies kann zum Beispiel durch einen Link in einem Newsletter erfolgen. Die Quelle ist dann besagter Newsletter.

Der Parameter utm_medium verrät das Medium für das Werbemittel. Im Falle eines Newsletters ist das Medium die E-Mail, in welcher der Newsletter versendet wird.

Für die Kampagne braucht man eine Bezeichnung, um sie später dem Erfolg zuordnen zu können. Dies geschieht mit dem Parameter utm_campaign.

Der Parameter utm_term wird genutzt, um die Keywords zu definieren und mit dem Parameter utm_content zeigt man den Inhalt der Werbeanzeigen.

Bringt man zum Beispiel den Link zur eigenen Internetpräsenz in einem Newsletter unter, dann hängt man die utm-Parameter an diesen Link an. Für einen Newsletter wäre die Quelle dann der Newsletter. Das Medium wäre eine E-Mail und dann braucht man noch den Namen für die Kampagne. Der originale Link wäre zum Beispiel:

www.meine-Firma.de. Diesen Link erweitert man und setzt ihn in dieser erweiterten Form in den Newsletter. Das Ganze sieht dann so aus: www.meine-Firma.de/?utm_source=newsletter&utm_medium=e-mail&utm_campaign=NL-Oktober-2017. Das „NL“ bedeutet Newsletter und die Kampagne war im Oktober 2017. So kann sie innerhalb der Google Analytics entsprechend zugeordnet werden.

# Auswertung

Nun kann Google Analytics eine Menge Daten sammeln. Das ist jedoch noch nicht genug. Was man auch braucht, ist eine gekonnte Auswertung der Daten, damit man aus ihnen auch die richtigen Rückschlüsse ziehen kann. Eine gute Auswertung beginnt mit einer guten Segmentierung.

Google zeigt die Daten normalerweise zusammengefasst. Dies ist zwar schön und gut für einen gesamten Überblick, doch daraus kann man kaum ableiten, was man wie verbessern kann. Daher muss man die Daten in sogenannte Segmente unterteilen. Diese erlauben es dann, einzelne Effekte ihren Ursachen zuzuordnen.

Google Analytics kann zum Beispiel eine Absprungrate von 65 % anzeigen. Daraus lässt sich aber nicht nichts schließen. Wenn man jetzt die Absprünge nach Quellen differenziert, dann sieht das schon anders aus. Wenn man zum Beispiel weiß, dass die Besucher, die über AdWords kommen, eher wieder abspringen, dann hat die AdWords-Kampagne Optimierungsbedarf. Sie weckt wahrscheinlich falsche Vorstellungen bei den Nutzern, die dann, einmal auf der Seite angekommen, diese enttäuscht gleich wieder verlassen.

Ein anderes Beispiel ist die Conversionrate. Diese allein ist nicht aussagekräftig. Wenn man hier aber die Quellen einbezieht, dann kann man schon mehr Schlüsse daraus ziehen. Interessant ist aber auch, die Conversions nach demografischen Gesichtspunkten zu unterteilen.

Eine Segmentierung der von Google Analytics gesammelten Daten erlaubt es also, nicht nur einfach einen Überblick zu bekommen. Man kann vielmehr, zusammengenommen mit einer richtigen Segmentierung, feststellen, wo noch Verbesserungsbedarf besteht oder wo der Erfolg liegt und man mehr investieren kann.

Google Analytics erlaubt es zum Beispiel, eine Segmentierung hinsichtlich des Alters durchzuführen. Dazu geht man auf „Zielgruppe". Dann klickt man auf „Demografische Merkmale" und danach auf „Alter". Dann werden die angezeigten Daten hinsichtlich des Alters der Nutzer aufgeschlüsselt. Das wiederum gibt einem die Möglichkeit, festzustellen, bei welcher Altersgruppe die eigene Seite am meisten ankommt und man kann sich auf diese dann in Zukunft konzentrieren.

In einem Onlineshop könnte man noch weitergehen. Eine Unterteilung nach Alter ist schon interessant, doch dann kann man die Darstellung erneut erweitern, indem man die Nutzer auch noch in „Nutzer *mit* Bestellungen" und „Nutzer *ohne* Bestellungen" unterteilt. Dann kann man differenzieren, wie die Seite und die Angebote bei den Nutzern ankommen.

Um eine Unterteilung in Nutzer *mit* und *ohne* Bestellungen vorzunehmen, geht man in die Darstellung für das Segment „Alter" und klickt auf „Segment hinzufügen". Als Nächstes wählt man „Neues Segment" und definiert dieses dann.

Auch hier beginnt man damit, dass man dem neuen Segment einen Namen gibt. Dies kann zum Beispiel „Nutzer mit Bestellungen" sein. Dann klickt man auf „Verhalten". Hier trägt man dann „Transaktionen pro Nutzer > 0" ein. Jetzt muss man das Ganze abspeichern.

Im nächsten Schritt legt man ein weiteres Segment an. Man folgt den gleichen Schritten, nur dass man dieses Mal „Transaktionen pro Nutzer = 0“ eingibt.

Die beiden neuen Segmente werden jetzt für das Diagramm benutzt, das die Nutzer in verschiedene Altersgruppen einteilt. Schon bekommt man neue, interessante und wichtige Informationen angezeigt.

# Der Google-Tag-Manager

Der Google-Tag-Manager wird immer wieder gern übersehen, dabei ist er weder neu noch unwichtig. Er kann für unterschiedliche Trackings einfach und flexibel verwendet werden. Dabei muss man zwar einige Kenntnisse im Programmieren aufweisen, doch man muss noch kein Profi sein.

Der Tag-Manager verwaltet die Tags und Codes. Diese werden dafür benutzt, die Aktivitäten auf den Webseiten zu verfolgen. Dabei ist es möglich, neben den einzelnen Google-Produkten auch Tags anderer Anbieter einzubinden. Das macht ihn zu einem offenen und vor allem flexiblen System.

Der Tag-Manager arbeitet mit einem Container-Tag. Das Container-Tag gestattet es, nur einen Tag in Form von Code-Snippets auf einer Seite anzubringen und dieses Tag dann mit verschiedenen Funktionen zu füllen. Anstatt also die Webseite mit verschiedenen Tags zu spicken, wird nur eines eingefügt und für verschiedene Funktionen benutzt.

Das Container-Tag arbeitet dabei als eine Art Verlängerung des Tag-Managers. Wenn man über diesen Manager eine neue Funktion tracken möchte, dann fügt man diese Funktion als Tag in den Container des Tag-Mangers, welcher dann das Tracking-Tag in das Container-Tag auf der Webseite einfügt.

Der Tag-Manager arbeitet mit Tags. Diese sind kleine Codes. Die Codes werden in die Webseite eingebunden. Diese Codes wiederum erlauben es dem Tag-Manager, die Seite anzusteuern und die Aktivitäten dort zu beobachten. Mit dem Tag werden dann die Aktivitätsberichte an den Tag-Manager geschickt.

Um richtig funktionieren zu können, brauchen die Tags auch noch einen Trigger. Hinter dem Wort „Trigger“ verbirgt sich eine auslösende Bedingung. Wann immer diese Bedingung eintritt, wird ein Bericht des Tags ausgelöst. Das kann immer dann der Fall sein, wenn eine Seite aufgerufen wird, wenn eine Bestellung abgegeben wird oder einer der Buttons der sozialen Netzwerke benutzt wurde.

Trigger können mit mehr als einem Tag verbunden werden und damit gleich mehrere Tags kontrollieren. Ein Tag ohne Trigger ist nutzlos. Ohne auslösende Bedingung wird das Tag einfach keine Daten senden.

Neben den Tags und Triggern arbeitet der Tag-Manager auch noch mit Variablen. Diese werden vom Trigger genutzt, um zu überprüfen, ob eine Bedingung eingetreten ist. Variablen sind also der Inhalt, den der Trigger nutzt. Dies kann die URL einer aufgerufenen Seite sein, die ID eines angeklickten Elements einer Seite oder andere Informationen.

Weiterhin verfügt der Tag-Manager über eine Datenschicht. Diese erlaubt das zusätzliche Übertragen von Informationen über die Webseite oder die Nutzer, die sie besuchen. Das kann das Absenden eines Formulars sein, das können weitergehende Informationen für das E-Commerce-Tracking sein, zum Beispiel der Wert der Bestellung, die Art des Produktes usw., oder der Preis des Produktes, den ein Besucher nur angeschaut hat.

Für die Benutzung der Datenschichten wird ein Javascript-Code benötigt. Damit können dann die Informationen in die Datenschicht eingetragen werden. Der Tag-Manager kann dann diese Informationen lesen und sie speichern. Die dabei gespeicherten Informationen können dann als Variablen in anderen Tags und Triggern verwendet werden.

# Cross-Domain-Tracking

Das Cross-Domain-Tracking wird als kompliziert angesehen, doch es ist im Grunde genommen nicht so schwer. Man muss nur bei dem Einrichten der Trackings langsam und methodisch vorgehen, damit man keine Komponenten bzw. Einstellungen übersieht.

Die normale Nutzung der Google Analytics sieht kein Cross-Domain-Tracking vor. Das liegt schon einmal daran, dass jede Property einer Domain zugeordnet ist. Diese eine Domain kann jedoch mehrere Subdomains haben. Dies öffnet die Tür für das Cross-Domain-Tracking.

Man kann zum Beispiel einen Onlineshop betreiben. Diesen Onlineshop kann man dann mit einer neuen Domain unterteilen. Zum Beispiel hat man eine Seite mit www.mein-shop.de für den eigentlichen Onlineshop. Dazu hat man dann eine zweite Seite mit www.mein-fashion-shop.de als zweite Domain, die sich nur auf Mode konzentriert. Beide Seiten sind verlinkt und wer in der zweiten Seite etwas bestellt, landet damit automatisch auf dem Bestellformular der ersten Seite.

Wenn man nun beide Seiten einzeln ansieht und analysiert, dann wird man feststellen können, woher die Besucher der einzelnen Shops kommen. Man wird auch erkennen können, wenn Besucher zwischen den Shops wechseln. Diese gelten dann aber durch den Wechsel als doppelte Besucher, einmal des ersten und einmal des zweiten Shops. Damit werden die Besucher des eigenen Shops dann doppelt gezählt, anstatt nur als *ein* Besucher. Um dies zu vermeiden, eignet sich das Tracking beider Seiten im Rahmen des Cross-Domain-Trackings als eine Internetpräsenz. Auf diese Weise wird der Verkaufserfolg der richtigen Werbequelle zugeordnet.

Das Cross-Domain-Tracking kann man über den Google-Tag-Manger oder direkt mit einem Tracking-Code einrichten. Fangen wir mit dem direkten Einbinden an.

Wie man den Tracking-Code und die Tracking-ID findet, haben wir schon beim ersten Einrichten eines Trackings beschrieben. Jetzt werden der Code und die Tracking-ID auf beiden Seiten unseres Beispiels, dem Shop und dem Fashionshop, verwendet.

Auf beiden Domains muss man die gleiche Tracking-ID eingeben. Die Domains trägt man dann ohne Subdomains ein. Dazu trägt man hinter der Tracking-ID „auto“ ein. Dies erlaubt das automatische Tracking beider Domains.

Für den Tag-Manger verwendet man das Universal-Analytics-Tag und erweitert dieses um eine benutzerdefinierte Variable. Zum Beispiel kann man als Variable „Auto-Link-Domains“ verwenden. Als Typ für die Variable nutzt man „Konstant“. Dann trägt man in das Feld mit der Bezeichnung „Wert“ beide URLs ein. Das sieht dann so aus: mein-shop.de,mein-fashion-shop.de . Als Nächstes klickt man auf „Speichern“.

Für das Tracking mit dem Google-Tag-Manger muss man noch einige Einstellungen vornehmen. Darum geht man in dem Tracking-Tag auf „Weitere Einstellungen“. Dann wählt man „Festzulegende Felder“. Man fügt ein Feld hinzu. Als Name für das Feld wählt man „cookieDomain“ und als Wert gibt man auch hier „auto“ ein. Dann braucht man ein weiteres Feld mit dem Namen „allowLinker“ und dem Wert „true“. Dann geht man in den Bereich „Domainübergreifendes Tracking“ und auf das Feld „Automatisch verknüpfte Domains“. Dort gibt man die Variable „{{Auto Link Domains}}“ ein. Als letzten Schritt werden die gemachten Einstellungen gespeichert. Diese Einstellungen müssen für jedes verwendete Tag wiederholt werden.

Dann müssen Verweise zwischen den Domains ausgeschlossen werden, damit nicht die Nutzer als neue Besucher gezählt werden, die von einer zur anderen Domain wechseln. Hier nutzt man die Verweisausschussliste in den Google Analytics. Dazu geht man in den Punkt „Verwaltung“ und wählt dort die Properties aus. Dort geht man auf „Trackinginformationen“ und klickt dann auf die „Verweisausschlussliste“. Jetzt klickt man auf „Verweisausschluss hinzufügen“ und trägt dort die verwendeten Domains, also www.mein-shop.de und www.mein-fashion-shop.de ein.

# 404-Fehlerseiten

Manchmal gibt jemand eine URL in eine Webseite ein, die nicht gefunden werden kann. Die Folge ist, dass der Server eine Fehlerseite ausgibt, die 404-Fehlerseite. Dies ist kein schönes Ergebnis und jetzt wird sich jeder fragen, warum wir diese Fehlerseiten tracken sollten. Nun, die Antwort ist ganz einfach.

Jede Webseite nutzt Links und sei es nur in Form der internen Verlinkungen. Diese sollten eigentlich immer funktionieren und daher kein Problem darstellen. Doch manchmal, ja manchmal, da schlägt der Fehlerteufel zu. Dann kommen die Nutzer auf eine 404-Fehlerseite. Dies kann aber neben den internen Verlinkungen auch auf inkorrekte externe Links zurückzuführen sein. Diese sind dann oftmals Bestandteil einer, mitunter teuren, Werbekampagne. Kurz, es macht Sinn, zu wissen, ob die Besucher wirklich die eigene Seite besuchen können oder stattdessen auf 404-Fehlerseiten schauen.

Google Analytics erlaubt es nicht nur, die eigene Internetpräsenz im Auge zu behalten, sie erlaubt auch das Tracking von 404-Fehlerseiten. So kann man ganz einfach herausfinden, ob die Besucher wirklich das sehen, was sie wollen.

Der große Vorteil eines solchen Trackings ist, dass man so auf eine Überprüfung von Hand zwar nicht unbedingt verzichten kann, diese aber nicht ständig durchgeführt werden muss. Dies gilt auch und vor allem dann, wenn externe Links von Seiten, von denen man dies gar nicht weiß, auf die eigene Seite verweisen und diese

Links fehlerhaft sind. Dies würde man unter normalen Umständen niemals herausfinden, es sei denn, man schaut auf das Auftauchen der 404-Fehlerseiten direkt.

Dieses Tracking hat jedoch auch einen Nachteil. Man überprüft nicht wirklich die eigene Seite, sondern nur die Aktionen der Nutzer. Werden diese mit 404-Fehlerseiten konfrontiert, dann wird man es sehen. Ein fehlerhafter Link, der jedoch nicht angeklickt wurde, bleibt unbemerkt. Dieser Nachteil fällt jedoch kaum ins Gewicht, denn ein nicht oder kaum angeklickter, fehlerhafter Link stellt kein Problem dar. Ein oft angeklickter, fehlerhafter Link wird dafür sehr schnell angezeigt und der Fehler kann behoben werden.

Um ein Tracking von 404-Fehlerseiten einzurichten, geht man zuerst in den Google-Tag-Manger. Dieser wird dann die Aufrufe von 404-Fehlerseiten feststellen und anzeigen. Dafür braucht man jedoch eine benutzerdefinierte Variable, einen Trigger und ein Tag für diese Seiten.

Den Anfang macht die benutzerdefinierte Variable. Um diese einzurichten, geht man im Tag-Manager auf „Variablen" und klickt dann auf „Benutzerdefinierte Variablen" und danach auf „Neu". Es öffnet sich ein neues Fenster, in welchem man die Variable definieren kann.

Das Erste, was die Variable braucht, ist ein Name. Dort kann man den Namen „Page Title" eingeben. Dann legt man den Typ der Variablen fest. Hierfür klickt man auf „Javascript-Variable". Es öffnet sich ein Feld „Name der globalen Variablen" und dort trägt man „document.title" ein. Dann klickt man auf „Abspeichern".

Als Nächstes muss der Trigger festgelegt werden. Dafür geht man im Tag-Manager auf „Trigger“ und klickt dann auf „Neu“. Dann öffnet sich auch für den Trigger ein Fenster, in welchem man dessen Eigenschaften festlegen kann.

Den Namen des Triggers kann man mit „404-Fehlerseite“ festlegen. Für den Typ stellt man „Seitenaufruf“ ein. Dann öffnet sich der Bereich „Diesen Trigger auslösen“. Dort wählt man „Einige Seitenaufrufe“ aus. Dort setzt man die bereits definierte Variable „Page Title“ ein, welche man dann auswählt. Dann speichert man das Ganze ab. Wichtig ist, dass man für die Seite den Titel „404-Fehlerseite“ eingibt, damit nur beim Aufrufen dieser Seite der Trigger ausgelöst wird. Nun kommt das Tag an die Reihe.

Für das Tag geht man im Tag-Manager auf „Tags“ und dann „Neu“. Der Tag bekommt einen Namen, zum Beispiel „404–Fehler“. Dann wählt man den Typ des Tags und legt dafür „Universal Analytics“ fest. Dann folgt die Tracking-ID. Der Tracking-Typ wird mit „Ereignis“ ausgewählt. In das vorhandene Feld trägt man „404-Fehler“ ein. Dann geht man auf das Feld „Aktion“ und trägt „404-Fehler bei Seitenaufruf: {{Page URL}}“ ein. Damit erhält man dann auch die URL der Seite, von der aus die Weiterleitung zur 404-Fehlermeldung stattfand. Dann kommt das Feld „Label“ zur Anwendung. Dort trägt man „Referrer: {{Referrer}}“ ein. Danach setzt man „Treffer ohne Interaktion“ auf „true“. Damit wird verhindert, dass eine 404-Fehlermeldung als Absprung gewertet wird.

Jetzt denkt man an den Datenschutz und geht auf „Weitere Einstellungen“. In diesem Menü klickt man auf „Festzulegende Felder“.

Dort wählt man „anonymizeIp“ aus und setzt auch hier den Wert auf „true“. Im nächsten und fast letzten Schritt wählt man den Trigger aus, den wir zuvor den Namen „404-Fehlerseite“ gegeben haben. Ist auch das geschehen, dann wird das neue Tag abgespeichert. Schließlich muss diese Änderung im Google-Tag-Manager noch veröffentlicht werden und schon kann das Tracking von 404-Fehlerseiten beginnen.

Das Erscheinen der 404-Fehlerseiten kann nicht nur festgestellt, sondern auch ausgewertet werden. Das ist besonders dahin gehend wichtig, dass man erfährt, wo sich der fehlerhafte Link befindet. Dafür geht man auf den Bericht „Verhalten“. Dort schaut man unter „Ereignisse“ und dort wiederum unter „Übersicht“. Als Ereigniskategorie wählt man 404-Fehler aus.

Ein direkter Zugriff mit einer falschen URL erscheint mit einem „Referrer“, der nichts anzeigt. Ein direkter Zugriff geschieht immer dann, wenn jemand die URL direkt in den Browser eingibt oder einen abgespeicherten Favoriten anklickt. Hier ist die Chance groß, dass sich der Nutzer einfach nur vertippt hat. Ein Aufruf über einen Favoriten geht nur dann schief, wenn er auf eine Unterseite verweist, die bei einer Änderung der Webseite gelöscht wurde.

Eine andere Ursache kann ein falscher Backlink sein. Das geschieht dann, wenn jemand einen Link zur eigenen Seite in einer anderen Seite eingegeben hat und bei der Eingabe ein Fehler passiert ist. Hier kann man den Webmaster, der diese Seite kontrolliert, anschreiben und ihn darum bitten, den Link richtig einzugeben. Andernfalls kann man auch eine Weiterleitung über eine 301-Seite einrichten.

Mitunter befinden sich aber auch auf den eigenen Seiten falsche Links zu Unterseiten. Das ist immer nach einer Überarbeitung, bei der einige Unterseiten gelöscht wurden, eine Gefahr. Den Link kann man nun finden und sofort selbst korrigieren.

Das Tracking der 404-Fehlerseiten ist ein schneller und vor allem effektiver Vorgang, der es ermöglicht, sofort einen solchen Fehler festzustellen und entsprechende Maßnahmen zu ergreifen. Man sollte jedoch nie vergessen, dass man damit nicht wirklich die Seiten bzw. die Links überprüft, sondern nur die Aktivitäten der Besucher beobachtet. Damit ist also schon ein einmaliges Auftreten zu viel. Diese Methode ersetzt somit nicht ein sorgfältiges Überprüfen der eigenen Seite vor einem Launch.

# Downloads

Dateidownloads sind mitunter das Ziel von Webseiten. Daher ist es gut, wenn man diese erfassen kann. Google Analytics ist jedoch eigentlich nicht dafür gemacht, die Downloads von Dateien zu erfassen. Wer jedoch E-Books, Broschüren für Produkte, Apps und Programme anbietet, der möchte wissen, ob diese auch wirklich heruntergeladen wurden. Daher sind die Downloads ein wichtiges Signal, um den Erfolg oder Misserfolg einer Seite zu erkennen. Der Google-Tag-Manager ist hier das richtige Tool. Er kann die Anzahl der Downloads und den Typ der heruntergeladenen Dateien anzeigen.

Die fehlende Trackingfunktion für einen Download erklärt sich aus der einfachen Tatsache, dass man für ein Tracking immer einen Tracking-Code braucht. Dieser muss in eine Seite eingebettet sein. Wer also eine Seite aufruft, auf der sich ein Downloadlink befindet, kann man sehr wohl tracken. Wie oft dann jedoch die Datei heruntergeladen wird, das lässt sich nicht so ohne Weiteres feststellen, denn es wird schließlich eine Datei heruntergeladen und keine neue Seite aufgerufen.

Die Lösung ist ebenso einfach, wie das Problem natürlich ist. Anstatt also den eigentlichen Download der Datei festzuhalten, wird auf das Anklicken des Links für den Download abgestellt. Dieser Klick auf den Link kann als Information an die Google Analytics gesendet werden.

Wenn man den Weg über den Downloadlink geht, dann lässt sich jedoch nicht nur feststellen, welche Dateien heruntergeladen wurden, sondern auch deren Typ, die Anzahl der Downloads und die Verteilung der Downloads auf die verschiedenen Dateitypen.

Das Einrichten des Trackings erfolgt in wenigen Schritten. Dazu braucht man die Variablen und Funktionen, die Trigger und das Tag. Der Trigger wird ausgelöst, sobald jemand auf den Link klickt und das Tag sendet die Daten, die auch die Art des Downloads bzw. dessen Datei beschreiben, an die Google Analytics.

Den Anfang machen die Variablen. Diese kann man im „Arbeitsbereich“ des Google-Tag-Managers festlegen. Dort klickt man auf „Variable“ und dann geht man auf „Integrierte Variable“ und danach auf „Konfigurieren“. Daraufhin öffnet sich ein Fenster. Dort klickt man auf die Variable „Page URL“.

Als Erstes braucht die Variable einen Namen. Dazu nimmt man zum Beispiel „Click URL Path“. Als Nächstes braucht die Variable einen Typ. Dazu verwendet man „Element-URL“. Dann kommt noch als Komponententyp „Pfad“ hinzu und anschließend speichert man alles ab. Das bewirkt, dass der Pfad des Links, den ein Besucher anklickt, gespeichert wird. Damit kann man dann herausfinden, welchen Link der Besucher angeklickt hat. Daraus lässt sich ablesen, ob es sich um einen Downloadlink handelt und welcher Download davon betroffen war.

Jetzt ist aber noch nicht alles fertig. Man muss noch zwei Javascript-Codes einfügen. Diese kann man als Funktionen im Google-Tag-Manager definieren. Dazu geht man wieder auf „Variable“ und dort unter „Benutzerdefinierte Variable“. Dann klickt man auf „Neu“. Hier wird die Variable „ReturnClickFiletype“ definiert. Diese Funktion erlaubt es, das Ende eines Downloadlinks wiederzugeben.

Die neue Variable erhält also den Namen „ReturnClickFiletype“. Den Typ legt man mit „Benutzerdefiniertes Javascript“ fest. In dem Textfeld gibt man das folgende ein:

function() {var url = {{Click URL Path}};return url.substr(url.lastIndexOf(‚.‘)+1);} dann speichert man die neue Variable ab.

Als Nächstes legt man die zweite Funktion fest. Dieser Funktion gibt man den Namen „ReturnClickFilename“. Damit kann man den Namen der Datei, die heruntergeladen wird, wiedergeben. Wieder geht man im Tag-Manager auf „Variable“ und dann auf „Benutzerdefinierte Variable“. Dann klickt man auf „Neu“. Den Namen gibt man mit „ReturnClickFilename“ an und den Typ setzt man wieder auf „Benutzerdefiniertes Javascript“. Dann gibt man in das Textfeld den folgenden Code ein:

```
function() {var url = {{Click URL Path}};re-
turn url.substr(url.lastIndexOf(‚/‘)+1);}
```

Das Ganze speichert man ab und die Funktion ist bereit.

Als Nächstes braucht man den Trigger für den Downloadlink. Um den Trigger einzurichten, geht man einfach im Tag-Manager auf „Trigger“ und dann klickt man auf „Neu“. Danach öffnet sich ein Fenster, in welchem man den neuen Trigger definieren kann.

Der Name des Triggers sollte eindeutig sein, damit man ihn auch später noch wiedererkennt. Daher bietet sich „Dateidownload“

von selbst an. Dann legt man den Typ mit „Klicks – nur Links" fest. Dann wählt man die Option „Auf Tags warten". Danach kommt noch die Option „Bestätigung überprüfen" dazu. Dann werden die URLs eingegeben, auf deren Seiten sich die Downloadlinks befinden.

Als Nächstes muss festgelegt werden, wann der Trigger ausgelöst werden soll. Man geht dafür auf „Diesen Trigger auslösen" und wählt „Einige Klicks auf Links". Im nächsten Schritt setzt man die Variable „Click URL Path" ein. Jetzt muss sichergestellt werden, dass dieser Trigger auch nur dann ausgelöst wird, wenn wirklich ein Download vorgenommen wurde. Daher muss man die Art der Datei des Downloads eingeben. Dies geschieht so: \.(pdf)$ . Damit wird der Trigger nur ausgelöst, wenn ein PDF heruntergeladen wurde. Ist der Download kein PDF, sondern ein docx, dann sieht das Ganze so aus: \.(docx)$ . Damit kann man jeden Dateityp eingeben. Dann klickt man auf „Abspeichern".

Dann braucht man das Tag. Dazu klickt man im Tag-Manager auf „Tags" und dann auf „Neu". Es öffnet sich ein Fenster zur Einrichtung des Tags.

Den Namen kann man mit „Event – Download" festlegen. Den Typ wählt man mit „Universal Analytics" aus. Dann folgt die Tracking-ID. Den Erfassungstyp stellt man ebenfalls auf „Ereignis". Die Kategorie legt man mit „Dateidownload" fest. Im Feld „Aktion" klickt man die Funktion „ReturnClickFiletype" an. In das Feld Label setzt man „ReturnClickFilename". Den Wert „Treffer ohne Interaktion" setzt man auf „false".

Jetzt muss wieder der Datenschutz beachtet werden. Dazu

geht man auf „Weitere Einstellungen“ und dann auf „Festzulegende Felder“. Dort wählt man „anonymizeIp“ und setzt dessen Wert auf „true“. Als vorletzten Schritt wählt man den Trigger „Dateidownload“ und dann klickt man auf „Abspeichern“. Auch hier müssen die Änderungen wieder im Tag-Manager erst veröffentlicht werden, damit sie einen Effekt haben.

Die Downloads werden nun in den Google Analytics dargestellt und können dort analysiert werden. So erscheinen die Downloads in den Ereignisberichten. Um diese in den Echtzeitberichten anzuzeigen, geht man nur auf „Echtzeit“. Dort klickt man dann auf „Ereignisse“. Unter diesem Punkt findet man alle Ereignisse, die auch den Download der Dateien beinhalten.

Eine einfache Übersicht erhält man unter dem Punkt „Verhalten“. Dort wählt man „Ereignisse“, dann „Übersicht“, danach klickt man auf „Vollständigen Bericht anzeigen“. Dort werden dann die Ereignisse in Kategorien unterteilt, nach Aktionen und Labeln angezeigt. Wenn man die Berichte mit „Quellen“ oder mit „Medium“ erweitert, kann man auch sehen, woher diejenigen kamen, die die Berichte angefordert haben.

# Die 10 typischsten Fehler

Jeder Mensch macht einmal Fehler. Das ist auch und besonders dann der Fall, wenn man etwas zum ersten Mal macht. Dieser Umstand wird dann noch verstärkt, wenn die neue Materie einen fast erschlägt. Google Analytics ist an sich sehr einfach zu verstehen und anzuwenden, dennoch überfordert es fast automatisch jeden Neuling. Daher ist es absolut nicht überraschend, dass hier immer wieder Fehler gemacht werden. Das Beste, was man tun kann, ist, aus den Fehlern zu lernen. Das gilt auch dann, wenn es nicht die eigenen Fehler sind. Man muss nämlich nicht unbedingt die Fehler der anderen wiederholen.

Der erste Fehler ist es, Google Analytics nicht zu benutzen. Dies bedeutet, auch wenn man sich jetzt ein wenig überfordert fühlt, sollte man sich langsam und Schritt für Schritt an die Google Analytics heranwagen, anstatt sie aus Angst links liegen zu lassen.

Die meisten Probleme bereiten die Einrichtung bzw. Nutzung und die Auswertung der erhobenen Daten. Das ist eine natürliche Folge der großen Auswahl an Optionen und der dargestellten Datenmenge. Daher sollte man hier einfach noch einmal durch die Fehler hindurchgehen und dann seine eigene Arbeit mit den Google Analytics dahin gehend anschauen, ob man nicht diesen oder jeden Fehler selbst macht bzw. vermeiden kann.

Ein häufiger Fehler ist die Verwendung einer falschen E-Mail-Adresse. Ein Google-Konto funktioniert mit mehreren Adressen, das ist soweit kein Problem. Will man aber die verschiedenen Produkte von Google bzw. die verschiedenen Konten von AdSense, AdWords, YouTube usw. mit Google Analytics verwenden, muss man immer die gleiche E-Mail-Adresse verwenden, die man auch für Google Analytics verwendet.

Ein weiterer Fehler ist das falsche Setzen der Rechte. Hier wurde bereits von Konten, Properties, Dashboards usw. gesprochen. Tatsächlich sind dies verschiedene Ebenen eines Produktes von Google. Wenn man innerhalb eines Kontos arbeitet, dann befindet man sich auf der Ebene der Properties. Wenn man mit mehreren Konten arbeitet, dann befindet man sich auf der Ebene der Konten. Will man jetzt die Konten von AdSense, AdWords oder einem anderen Produkt von Google mit den Google Analytics verbinden, dann ist dies eine Sache zwischen den Konten. Daraus folgt, dass man die gewünschten Daten nicht über eine Freigabe auf der Property-Ebene austauscht. Man muss die Konten, die man mit Google Analytics beobachten will, auf der Kontoebene freischalten.

Das Tracking von Conversions und das Setzen von Zielen ist ein weiterer Punkt, der oft und gern vernachlässigt wird. Conversions sind jedoch wichtig, um den Erfolg der Webseite zu messen. Darum geht es ja auch auf einer Internetpräsenz. Man möchte ein Produkt verkaufen, man möchte, dass jemand auf einen Link klickt oder dass jemand sich anmeldet. Das alles sind Conversions, und nur wenn sie getrackt werden, kann man wissen, ob die Webseite selbst, so wie sie ist, einen Erfolg darstellt.

Neben dem reinen Tracking von Conversions ist auch das Setzen von Zielen ein wichtiger Parameter. Man selbst muss sich Ziele setzen, die man mit seiner Internetpräsenz erreichen will. Diese Ziele muss man dann den Google Analytics auch mitteilen, damit man wirklich eine Erfolgsmessung durchführen kann. Daher sollte weder das Tracking der Conversions noch das Setzen von Zielen vergessen werden.

Die Dashboards sind die Anzeigetafeln der Google Analytics und erlauben das Erfassen der gesammelten Daten auf einen Blick. Daher sollten sie immer genutzt werden. Gerade am Anfang ist man versucht, einfach nur die Berichte durchzuarbeiten. Das ist auch nichts Schlimmes. Zu Beginn sollte man sich natürlich möglichst umfänglich mit allen Berichten und den damit angezeigten Entwicklungen vertraut machen.

Sobald man sich jedoch mit allem vertraut gemacht hat, bieten die Dashboards einen sofortigen Einblick in die Lage. Sie stellen die Top-10 der Berichte dar. So kann man, praktisch im Vorbeigehen, erfassen, was sich auf der eigenen Seite tut. Daher sollte man auch die Dashboards den eigenen Vorlieben anpassen, damit man auch wirklich auf einem Blick die wichtigsten Daten dargestellt bekommt.

Viele Anwender der Google Analytics schrecken vor dem E-Commerce-Tracking zurück. Das ist verständlich. Das System ist nicht gerade sehr einfach und man muss sich schon ein wenig einarbeiten, um alle Tags richtig zu setzen. Die Arbeit lohnt sich jedoch. Das E-Commerce-Tracking erlaubt es, sofort zu wissen, wie viel man mit seiner Webseite eingenommen hat, welche Produkte man nachbestellen muss, welche Steuern man zahlt und vor allem, welche Produkte richtig gut ankommen. Dieser Überblick ist für einen erfolgreichen Onlineshop einfach unbezahlbar. Daher sollte man die Zeit investieren, um das E-Commerce-Tracking einzurichten. Im schlimmsten Fall kann man auch einen IT-Spezialisten damit betrauen. Für den ist das eine Arbeit von nur wenigen Minuten.

Der nächste Fehler leuchtet jedem ein, der sich mit Marketing befasst hat. Für alle anderen erscheint es aber ein wenig unnötig, doch dies ist falsch. Es handelt sich um die Segmentierung. Für ein erfolgreiches Marketing ist die Segmentierung das A und O. Dabei geht es um das Einteilen der gewonnenen Daten in bestimmte, genau definierte Teilmengen. Diese erlauben es, die Informationen tiefer und besser auszuwerten. Es ist daher ein Fehler, die Segmentierung, die Google Analytics bietet, nicht zu verwenden.

Segmente können nach verschiedenen Kriterien gesetzt werden. So kann man das Verhalten neuer Nutzer dem Verhalten wiederkehrender Nutzer gegenüberstellen. Ebenso kann man so besser erkennen, wo man die meisten Conversions erreicht. Man kann auch die Rate der Wiederkehrer erhöhen.

Viele Anwender der Google Analytics wissen zwar, dass man Spam-E-Mails bekommt, doch sie wissen nicht, dass auch die Google Analytics das Opfer von Spam sein können. Die Spams jedoch verfälschen die Ergebnisse teils erheblich, sodass eine Erhebung der Daten mit Google Analytics eigentlich keinen Sinn mehr macht. Daher sollte nie vergessen werden, den Spam herauszufiltern. Das Herausfiltern ist natürlich keine leichte Sache. Daher sollte man auch hier einen Profi an die Sache herangehen lassen. Damit wird dann sichergestellt, dass wirklich der Spam herausfliegt, und zwar nur der Spam und nicht mehr.

Nun scheint es eigentlich unmöglich, doch es gibt tatsächlich Anwender der Google Analytics, die es versäumen, ihre anderen Konten mit den Google Analytics zu verbinden. So bekommen sie auf den Analytics nur unvollständige Daten und müssen die Daten der anderen Konten praktisch für sich allein auswerten. Das schafft keinen Überblick und es ist schwer, daraus die richtigen Rückschlüsse zu ziehen. Es ist jedoch der große Vorteil der Google Analytics, dass die anderen Konten verbunden werden können. Daher sollte man dies wirklich nicht vergessen.

Nun sind die Google Analytics ein Auswertetool. Das Gute an solchen Auswertungen ist, dass man dann auf Entwicklungen reagieren kann. Man kann also Änderungen an der Webseite vornehmen. Wichtig ist jedoch, und das wird gern vergessen, dass man diese Änderungen auch in den Google Analytics vermerkt. Nur so kann man später die daraus resultierenden neuen Ergebnisse auch der Änderung zuschreiben. Während dies bei kleinen Änderungen vielleicht noch geht, sich einfach nur daran zu erinnern, wird dies dann problematisch, wenn die Änderungen zu weit zurückliegen oder zu viele Punkte über die Zeit hinweg geändert werden. Daher sollte der Vermerk neben der Zeit auch und vor allem die Art der Änderung enthalten.

Neben der Erfassung aller Daten ist es aber auch wichtig, bestimmte Vorgänge auszublenden. Dahinter verbirgt sich nichts anderes, als das Herausfiltern der eigenen Sitzungen bzw. der Sitzungen der Mitarbeiter. Wann immer diese oder man selbst einen Zugriff auf die Seite ausführt, wird man als Besucher registriert und wird so ein Teil der ausgewerteten Daten. Dies verfälscht die Auswertung jedoch. Daher sollten über die IP-Adresse des eigenen Computers und jener der Mitarbeiter alle eigenen und deren Aktivitäten von der Analyse ausgeschlossen werden.

Ein weiterer Fehler ist es, die verschiedenen Kampagnen nicht richtig zu tracken. Onlinemarketingkampagnen bringen eine Menge direkte Zugriffe oder Besucher von anderen Webseiten. Damit Google Analytics weiß, dass sich dahinter Kampagnen verstecken und welche dies sind, muss das Kampagnen-Tracking benutzt werden. Ohne dieses Tracking werden die Zugriffe als normale Besucher gewertet und man kann den Erfolg einer Kampagne mehr erahnen, anstatt ihn richtig zu messen.

Die Google Analytics bieten eine kleine Falle, die auch gern übersehen wird. Sie lassen sich ohne Probleme benutzen. Sie stellen alles dar, was man sehen will. Leider aber warnen sie nicht davor, wenn dies mit dem deutschen Datenschutz nicht vereinbar ist. Das liegt einfach an den unterschiedlichen Gesetzen. Die Google Analytics kommen eben aus den USA. Daher sollte man, wenn man Ärger mit dem Datenschutz vermeiden will, die in diesem Buch erwähnten Vorkehrungen treffen, um die Auswertung datenschutzkonform durchzuführen.

# So wird es umgesetzt

Die Google Analytics sind auf den ersten Blick nicht leicht zu verstehen. Jeder wird das zugeben. Dennoch sind sie ein wichtiges Tool für die Auswertung des Erfolges der eigenen Internetpräsenz und sollten entsprechend eingesetzt werden.

Um die Google Analytics auch erfolgreich anzuwenden, sollte man an ihre Funktionen langsam herangehen und nicht alles auf einmal probieren. Man kann sich die Seiten der Google Analytics, die Dashboards und die Properties erst einmal in Ruhe ansehen und sich auch überlegen, was man denn selbst braucht.

Das Marketing ist als Disziplin oftmals mehr eine Kunst, denn eine Wissenschaft. Das liegt einfach an dem Fakt, dass die einzelnen Reaktionen der Kunden nur schwer einer Maßnahme zugeordnet werden können. Ebenso kann man seine Kunden auch nicht lange festhalten und sie im Detail befragen. Nicht nur wäre das Ergebnis einer solchen Befragung höchst zweifelhaft, es würde auch mit absoluter Sicherheit alle Kunden vergraulen. Die Folge bisher war, dass ein Großteil der eingesetzten Werbemittel verschwendet war, während nur ein relativ kleiner Teil wirklichen Erfolg brachte. Die Google Analytics bringen nun Licht ins Dunkel.

Wenn man sich also mit den Properties, Dashboards, Widgets und anderen Versuchen vertraut gemacht hat, dann wird es Zeit, das erste Basis-Tracking einzurichten. So kann man sich an eine noch einfache Sache wagen und die ersten Erfahrungen sammeln.

Das erste Basis-Tracking sollte schon mit einem neuen Dashboard begleitet werden, damit man einen schnellen Überblick über die Geschehnisse erhält. Sicher, auf das personalisierte Dashboard kann man auch am Anfang verzichten, denn hier steht noch der Lerneffekt im Vordergrund und den gewinnt man mehr aus den Berichten. Dennoch sollte das eigene Wachsen des Verständnisses für die Funktionen mit einem wachsenden Dashboard begleitet werden.

Schon das erste Basis-Tracking stellt einen absoluten Anfänger in Sachen IT auf eine harte Probe. Hier kommen die Tags ins Spiel. Diese sind wirklich nichts für jemanden, der keine Programmiersprache beherrscht, so scheint es jedenfalls. Daher ist es keine Schande, wenn man einen IT-Profi bemüht. Diesem sollte man ruhig über die Schulter schauen und sehen, wie er was einstellt. Dann kann man diese ja doch eigentlich sehr einfachen Schritte bald selbst durchführen.

Nun kommen die Google Analytics aus den USA. Dort wird der Datenschutz recht lax gehandelt. Dessen sollte man sich immer bewusst sein. In Deutschland haben die Datenschutzverletzungen, die mit Google Analytics ganz leicht möglich sind, teils sehr schwerwiegende Auswirkungen. Um es nicht so weit kommen zu lassen, sollte man mindestens die hier erwähnten Vorsichtsmaßnahmen mit den anonymisierten IP-Adressen und den extra Verträgen ergreifen. Diese Vorsichtsmaßnahmen sind jedoch nicht allumfassend. Dies hier vorliegende Buch ist eben nur ein Buch und kann nicht jede Änderung der Datenschutzgesetze voraussehen. Daher empfiehlt es sich unbedingt, einen Anwalt mit Fachbereich IT-Datenschutz zu konsultieren. Nur so kann man sich wirklich absichern.

Die Google Analytics bieten eine wahre Flut von Daten. Daher sollte man sich die verschiedenen Ansichten, Dashboards und Filter so einrichten, dass man dieser Datenflut Herr wird. Damit nicht genug. Man muss auch sicherstellen, dass kein Spam die Ergebnisse verfälscht. Auch hier sind die richtigen Filter zu setzen. Dies setzt jedoch eine tiefere Kenntnis der Google Analytics voraus, sodass damit auf jeden Fall ein Profi beauftragt werden sollte. So kann man sicherstellen, dass erstens, der Spam draußen und zweitens, die wirklich wichtigen Informationen drinnen bleiben. Es nutzt nämlich nichts, wenn man neben dem eigentlichen Spam auch die Hälfte aller echten Daten, die Google Analytics erhebt, herausfiltert.

Das gute an Google ist, dass es eine Menge Produkte bietet. Die Google Analytics sind nur eines davon. Es macht also absolut Sinn, all die verschiedenen Konten mit den Google Analytics zu verbinden, um eine umfassende Auswertung zu erreichen. Dazu muss man jedoch von Anfang an gezielt vorgehen und alle Konten mit der gleichen E-Mail-Adresse anlegen. Man kann mitunter auch die Konten von verschiedenen E-Mail-Adressen verbinden, doch das bereitet mehr Aufwand.

Neben dem Tracking der Besucher und derjenigen, die gleich wieder abspringen, ist es auch wichtig, die einzelnen Aktionen der Nutzer festzuhalten. Das Wichtigste ist dabei das Tracking der Conversions. Inwieweit schafft man es, die Besucher auf der eigenen Webseite in Kunden umzuwandeln? Da dies ja das ultimative Ziel ist, sei es, in einem Kauf, einer Registrierung oder einem Download, sollten die Conversions unbedingt erfasst und ausgewertet werden. Dies ist auch und vor allem im Bereich der Zielvorhaben und des E-Commerce-Trackings zu erledigen.

Als Zielvorhaben erlaubt das Conversion-Tracking, festzustellen, inwieweit man seine selbst gesteckten Ziele erreicht hat. Damit kann man dann für die Zukunft planen und auf Fehlentwicklungen reagieren.

Im Bereich des E-Commerce-Trackings erlaubt das Conversion-Tracking eben mehr als nur das Feststellen, wie viele Leute etwas gekauft haben. Es erlaubt, zu erkennen, welche Preise gut ankommen, welche Produkte beliebt sind und man kann damit auch die eigenen Nachbestellungen planen. Dazu kann man sich noch weitere Informationen anzeigen lassen, die je nach Ausrichtung der eigenen Webseite bzw. des eigenen Onlineshops von Belang sind.

Neben dem Conversion-Tracking selbst ist vor allem das Kampagnen-Tracking sehr wichtig. Hier kann man mit den Vermerken für die Zukunft festhalten, wann eine Kampagne begonnen wurde und wann sie ausgelaufen ist. So kann man die Effekte, die die Google Analytics feststellen, den einzelnen Kampagnen zuordnen. Damit nicht genug kann man mit den persönlichen Benachrichtigungen verhindern, dass manche Kampagnen nicht getrackt werden.

Da die Kampagnen oftmals nur begrenzt sind und verschiedene Ansätze verwenden, sind sie ideal für Experimente. Hier ist es jedoch besonders wichtig, in den Vermerken nicht nur den genauen Beginn und das Ende einer Kampagne festzuhalten, sondern auch deren Inhalt. So kann man über die Zeit hinweg die Kampagnen immer weiter verfeinern.

Welchen Sinn macht die Erhebung von Daten, wenn man sie nicht auswertet? Dies ist die Grundlage für alle zukünftigen Entscheidungen im Bereich des Marketings. Eine Grundlage der Auswertung jedoch ist die Segmentierung. Google Analytics verfügt über genug Möglichkeiten, um die erhobenen Daten zu unterteilen. Dies kann nach Alter, Geschlecht, Wohnort oder auch nach Kauf oder Nichtkauf und dutzender anderer Kriterien geschehen. Dies führt dann dazu, dass man erkennt, welche Gruppen von Nutzern am meisten auf das eigene Angebot ansprechen und man kann sein Marketing dann auf diese Gruppen ausrichten.

Der Google-Tag-Manager macht das Leben mit den Tags einfacher. Davon gibt es nämlich bis jetzt sehr viele. Diese erlauben zum Beispiel beauftragten Unternehmen, die Aktivitäten auf der eigenen Webseite zu verfolgen. Sie erlauben es auch dem eigenen Unternehmen, dies zu tun. Was geschieht damit? Man beauftragt vielleicht ein anderes Unternehmen. Man verändert etwas an der eigenen Seite. Die Schlange an Tags wächst. Dazu kommen neue Updates und neue Plugins. Die Schlange an Tags ist nun gefährdet. Öfters als man denkt, werden Tags bei solchen Aktionen in Mitleidenschaft gezogen. Der Google-Tag-Manager erlaubt es nun, die Tags zentral zu anzulegen und zu verwalten. Damit sinkt die Chance, dass ein Unternehmen, welches vorher für die eigenen Seiten zuständig war, noch immer Zugriff hat. Man verhindert so, dass Tags einfach so abgeschnitten werden. Damit kann man neue Tags hinzufügen, sobald neue Funktionen genutzt werden sollen. Kurz, der Tag-Manager macht das Leben der Tags und der Tag-Nutzer einfacher. Er sollte also nicht so einfach übergangen werden.

Das Cross-Domain-Tracking ist ein sehr wichtiges Werkzeug, um mehrere Webseiten, die gemeinsam funktionieren, gemeinsam beworben werden und einander ergänzen, auch gemeinsam auszuwerten. So kann man einen Überblick über die gesamten Werbeanstrengungen erhalten und diese gezielter einsetzen. Das Einrichten des Cross-Domain-Trackings ist dabei nicht wirklich schwer, solange man eben nur Schritt für Schritt vorgeht und nicht vergisst, dass man die Zugriffe von Seite zu Seite untereinander ausschließt.

Das Tracking von 404-Fehlerseiten ist eine gelungene Ergänzung. Damit hat man eine zusätzliche Sicherheit, dass die eigene Seite gut und vor allem korrekt verlinkt ist. Noch einmal an dieser Stelle, das Tracking der 404-Fehlerseiten ersetzt nicht das Überprüfen der eigenen Links. Man prüft damit die Links nämlich überhaupt nicht, sondern man sieht nur die Aktionen der Nutzer und ob diese auf den richtigen Seiten landen oder mit dieser Fehlerseite bedacht werden.

Das Tracking der Downloads ist ebenfalls eine nützliche Ergänzung, um zu sehen, welche Dateien am besten ankommen. Dementsprechend kann man dann den eigenen Internetauftritt anlegen bzw. verbessern.

Zusammengefasst kann man also sagen, dass es sich durchaus lohnt, die Google Analytics zu verwenden. Man muss sich einfach nur an sie heranwagen. Auf lange Sicht verhelfen sie der eigenen Seite zum Erfolg und man kann entweder die Kosten des Marketings senken, indem man sich auf das erfolgreiche Marketing konzentriert, oder dessen Wirkung erhöhen, indem man die Mittel auf das eben dieses umschichtet. In jedem Fall ist dem eigenen Unternehmen geholfen und schon allein deswegen sollte man sich mit den Funktionen, Ansichten und Möglichkeiten der Google Analytics auseinandersetzen. Dann wird man sie bald richtig einsetzen können und auch wirklich beherrschen.

38839981R00045

Printed in Poland
by Amazon Fulfillment
Poland Sp. z o.o., Wrocław